2021年浙江省社会科学界联合会社科普及课题（21KPD10YB）

浙江金融职业学院"双高校"建设成果

浙江金融职业学院高水平科研创新团队建设项目"金融支持高质量发展研究"成果

U0749603

绿色金融50问

姚星垣 编著

浙江工商大学出版社
ZHEJIANG GONGSHANG UNIVERSITY PRESS

·杭州·

图书在版编目（CIP）数据

绿色金融50问 / 姚星垣编著. — 杭州 ：浙江工商
大学出版社，2021.6
ISBN 978-7-5178-4536-2

Ⅰ．①绿… Ⅱ．①姚… Ⅲ．①金融业－绿色经济－中
国－问题解答 Ⅳ．①F832-44

中国版本图书馆CIP数据核字(2021)第115100号

绿色金融50问
LVSE JINRONG 50 WEN
姚星垣 编著

责任编辑	张　玲	
封面设计	卢绍书	
责任印制	包建辉	
出版发行	浙江工商大学出版社	
	（杭州市教工路198号　邮政编码310012）	
	（E－mail：zjgsupress@163.com）	
	（网址：http://www.zjgsupress.com）	
	电话：0571－88904980，88831806（传真）	
排　　版	杭州彩地电脑图文有限公司	
印　　刷	杭州高腾印务有限公司	
开　　本	880 mm×1230 mm　1/32	
印　　张	5	
字　　数	103千	
版 印 次	2021年6月第1版　2021年6月第1次印刷	
书　　号	ISBN 978-7-5178-4536-2	
定　　价	38.00元	

　　绿色发展，作为新时代我国五大发展理念之一，正日益受到各界的重视。但是，在实践过程中，绿色发展也遇到资金不足、激励受限等方面的挑战。如何进一步推进绿色发展？如何在绿色发展过程中，落实好"市场在资源配置中的决定性作用"和"更好发挥政府作用"？发展绿色金融是一个有力、有益的探索。

　　本书分为上下两篇：上篇是绿色金融原理，主要回答什么是绿色金融、为什么发展绿色金融和如何推进绿色金融发展等方面的问题，分为"绿色金融概览""绿色金融体系""主要绿色金融组织"等板块；下篇是绿色金融实践，主要回答绿色金融的具体产品、区域改革实践以及发展前沿等方面的问题，分为"绿色金融产品""绿色金融的中国实践""绿色金融发展前沿"等板块。

　　如果你想在较短时间内俯瞰绿色金融全貌，了解其中的核心问题，并追踪其前沿趋势，那么阅读本书可能是一个不错的选择。本书的内容和结构安排具有以下特色：

　　一是突出问题。为了更好地体现问题意识，本书采用一问一答的形式，把绿色金融领域的有关背景和核心内容浓缩成 50 个问题。

　　二是内容精练。本书试图用简洁的语言，在有限的篇幅内，把绿色金融的核心内容和发展脉络，把发展绿色金融的必要性和可行性说清楚、说透彻。

三是追踪前沿。本书及时追踪了当前绿色金融领域的大量前沿问题，比如环境风险评价、环境压力测试等内容，并介绍了赤道原则等经典问题的最新进展。

四是图文并茂。本书采用文字为主，辅以图表的方式，尽可能直观地展示绿色金融领域的核心内容。

五是体例新颖。在每一个问题下，都设置快速回答环节，并根据实际需要，设置了延伸阅读、政策解读、新闻快照、案例分析和思考讨论等若干个小栏目。快速回答是用最简洁的语言和表述，抓住问题的核心。延伸阅读则从理论或者实践的角度，补充相关材料，帮助读者对问题有更全面或更深刻的理解。政策解读是对问题涉及的相关政策进行解读。思考讨论是在介绍相关材料的基础上，从一些关键或有趣的角度，启发读者进一步思考。

绿色金融，方兴未艾，内容丰富，前景广阔。在编写这本小册子的过程中，作者查阅了大量政策文件、专业报告、相关专著和学术论文，并把其中主要的部分附后，供感兴趣的读者进一步阅读和研究。受时间和个人水平限制，本书难免存在疏漏甚至错误之处，请各位专家、读者批评指正。

姚星垣

2020 年 11 月

CONTENTS | **目 录**

上 篇 绿色金融原理

下　篇　绿色金融实践

上　篇
绿色金融原理

第一章 绿色金融概览

1. 什么是绿色金融？

【快速回答】

绿色金融是指为支持环境改善、应对气候变化和资源节约高效利用的经济活动，即对环保、节能、清洁能源、绿色交通、绿色建筑等领域的项目投融资、项目运营、风险管理等所提供的金融服务。

（摘自 2016 年 8 月 31 日中国人民银行、财政部等七部委联合发布的《关于构建绿色金融体系的指导意见》）

【延伸阅读】

绿色金融的其他相关定义，见下表。

绿色金融的其他相关定义

时 间	提出主体	相关文件	定 义
2012 年	国际发展融资俱乐部（IDFC）	绿色金融投资路线图	绿色金融是一个宽泛的概念，指的是金融投资流入可持续发展的项目倡议、环保产品和鼓励发展可持续经济的政策。"绿色金融"包括但不限于气候金融，它也指更广泛的其他环境目标，例如工业污染控制、水体卫生或生物多样性保护

续　表

时　间	提出主体	相关文件	定　义
2014 年	英国	"绿色金融专题听证会"会议报告	绿色金融即"为发展低碳能源、提高能效、适应气候变化，在环境保护、自然资源领域的投资"，报告特别强调了金融体系在减缓气候变化行动领域的作用
2016 年	德国	德国发展研究所（DIE）2016 年发表的报告	绿色金融包括所有考虑到环境影响和增强环境可持续性的投资或贷款。该报告同时指出，绿色金融的关键要素是以环境筛查和风险评估作为投资和贷款的决策基础
2016 年	G20 绿色金融研究小组	G20 绿色金融综合报告	绿色金融指能产生环境效益以支持可持续发展的投融资活动。这些环境效益包括减少空气、水和土壤污染，降低温室气体排放，提高资源使用效率，减缓和适应气候变化并体现其协同效应等。此外，绿色金融还涉及整个金融体系对环境风险的有效管理

【政策解读】

《关于构建绿色金融体系的指导意见》（以下简称《意见》）于 2016 年 8 月 31 日，由中国人民银行、财政部、国家发展改革委、环境保护部、银监会、证监会、保监会印发。该《意见》分 9 部分 35 条，包括：构建绿色金融体系的重要意义；大力发展绿色信贷；推动证券市场支持绿色投资；设立绿色发展基金，通过政府和社会资本合作（PPP）模式动员社会资本；发展绿色保险；完善环境权益交易市场，丰富融资工具；支持地方发展绿色金融；推动开展绿色金融国际合作；防范金融风险，强化组织落实。

【思考讨论】

你认为绿色金融的定义中有哪些关键词？

2. 为什么要发展绿色金融?

【快速回答】

加强生态环境保护和生态文明建设,建设美丽中国,已经成为国家的重大发展战略。当前,我国正处于经济结构调整和发展方式转变的关键时期,对支持绿色产业和经济社会可持续发展的绿色金融需求持续扩大。构建绿色金融体系,增加绿色金融供给,是贯彻落实"五大发展理念"和发挥金融服务供给侧结构性改革作用的重要举措。

【延伸阅读】

2015 年 9 月,在中共中央、国务院印发的《生态文明体制改革总体方案》中,中国首次明确了建立中国绿色金融体系的顶层设计。

2015 年 12 月,在中国的倡议、推动下,G20 绿色金融研究小组成立,开始研究如何通过绿色金融调动更多资源加快全球经济的绿色转型。

2016 年 3 月,全国人大表决通过了《中华人民共和国国民经济和社会发展第十三个五年规划纲要》,明确提出要"建立绿色金融体系,发展绿色信贷、绿色债券,设立绿色发展基金"。构建绿色金融体系已经上升为中国的国家战略。

【政策解读】

《生态文明体制改革总体方案》是我国生态文明领域改革的顶层设计和部署，为我国生态文明领域改革搭建好基础性制度框架，全面提高我国生态文明建设水平。

生态文明体制改革的原则，可概括为"六个坚持"，具体包括如下内容。

坚持正确改革方向，健全市场机制，更好发挥政府的主导和监管作用，发挥企业的积极性和自我约束作用，发挥社会组织和公众的参与和监督作用。

坚持自然资源资产的公有性质，创新产权制度，落实所有权，区分自然资源资产所有者权利和管理者权力，合理划分中央地方事权和监管职责，保障全体人民分享全民所有自然资源资产收益。

坚持城乡环境治理体系统一，继续加强城市环境保护和工业污染防治，加大生态环境保护工作对农村地区的覆盖，建立健全农村环境治理体制机制，加大对农村污染防治设施建设和资金投入力度。

坚持激励和约束并举，既要形成支持绿色发展、循环发展、低碳发展的利益导向机制，又要坚持源头严防、过程严管、损害严惩、责任追究，形成对各类市场主体的有效约束，逐步实现市场化、法治化、制度化。

坚持主动作为和国际合作相结合，加强生态环境保护是我们的自觉行为，同时要深化国际交流和务实合作，充分借鉴国际上的先进技术和体制机制建设的有益经验，积极参与全球环境治理，承担并履行好同发展中大国相适应的国际责任。

坚持鼓励试点先行和整体协调推进相结合，在党中央、国务院统一部署下，先易后难、分步推进，成熟一项推出一项。支持各地区根据本方案确定的基本方向，因地制宜，大胆探索、大胆试验。

【思考讨论】

对于绿色金融发展，从居民和消费者的角度考虑能做些什么？

3. 绿色金融和气候环境是什么关系？

【快速回答】

从定义上看，绿色金融主要是通过金融的投融资行为来影响气候条件和环境质量，即金融影响气候环境。但从另一个角度看，气候环境也会影响金融，主要是影响投融资行为的成本收益，即所谓的环境风险。

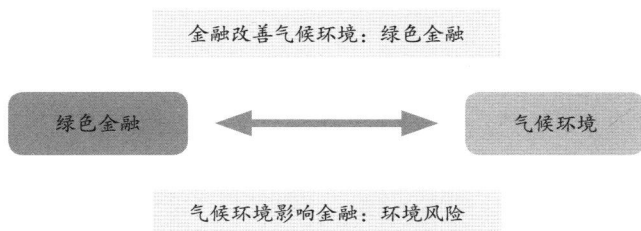

金融改善气候环境：绿色金融

绿色金融 ⟷ 气候环境

气候环境影响金融：环境风险

绿色金融与气候环境关系图

【政策解读】

《生态文明体制改革总体方案》第四十五条阐述了绿色金融体系的基本框架："建立绿色金融体系。推广绿色信贷，研究采取财政贴息等方式加大扶持力度，鼓励各类金融机构加大绿色信贷的发放力度，明确贷款人的尽职免责要求和环境保护法律责任。加强资本市场相关制度建设，研究设立绿色股票指数和发展相关投资产品，研究银行和企业发行绿色债券，鼓励对绿色信贷资产实行证券化。支持设立各类绿色发展基金，实行市场化运作。建立上市公司环保信息强制性披露机制。完善对节能低碳、生态环保项目的各类担保机制，加大风险补偿力度。在环境高风险领域建立环境污染强制责任保险制度。建立绿色评级体系以及公益性的环境成本核算和影响评估体系。积极推动绿色金融领域各类国际合作。"

【思考讨论】

你认为，发展绿色金融对气候环境有多大影响？

4. 什么是2℃情景？

【快速回答】

1977年，美国经济学家威廉·诺德豪斯（2018年度诺贝尔经济学奖得主之一）预计，在大气中二氧化碳浓度相对于工业化前加倍的情景下，全球平均气温将升高2℃。目前，这已成为国际上环境分析的基准情境。

【延伸阅读】

为了加强《联合国气候变化框架公约》（以下简称《公约》）的实施，对 2020 年后国际应对气候变化行动做出框架安排，2015 年 12 月 12 日，《公约》近 200 个缔约方在巴黎联合国气候变化大会上就《巴黎协定》达成一致，用以取代将于 2020 年到期的《京都议定书》。《巴黎协定》明确提出到 21 世纪末，将全球平均气温较工业化前水平升高幅度控制在 2℃以内，并为全球平均温升控制在 1.5℃以内付出努力，以降低气候变化的风险与影响。

科学界有关 2℃温升的研究由来已久。关于全球 2℃温升目标的表述最早是由美国经济学家威廉·诺德豪斯 1977 年提出的，当时诺德豪斯预计在大气中二氧化碳浓度相较于工业化前加倍的情景下，全球平均气温将升高 2℃。虽然这并没有作为当时全球应对气候变化的最终目标在政策层面进行讨论，但之后很多研究都将 2℃温升作为探索的起点。

《巴黎协定》是第一个使"全球 2℃温升目标"具有法律效力的国际条约。

【延伸阅读】

2018 年诺贝尔经济学奖得主诺德豪斯是何方神圣？

威廉·诺德豪斯是美国耶鲁大学教授，其主要研究领域是气候变化经济学，该研究重点表明人类因忽视不作为所带来的灾难性高代价。威廉·诺德豪斯提出的 DICE 就是一个最优化模型，用于计算减排措施的成本和收益，以及最优减排额的确定。威廉·诺德豪斯是全球研究气候变化经济学的顶级分析师之一，他极力主张从排放许可制度转向征收碳排放税。20世纪 70 年代以来，他发展了研究全球变暖的经济学方法，包

威廉·诺德豪斯

括整合的经济和科学模型的构建，为应对气候变化提供了有效途径。1972 年，威廉·诺德豪斯和诺贝尔经济学奖获得者托宾提出净经济福利指标，他们主张应该把都市中的污染等经济行为所产生的社会成本从 GDP 中扣除。威廉·诺德豪斯的研究表明经济活动如何与基础化学和物理学相互作用以产生气候变化。

（摘自《诺德豪斯与罗默获得 2018 年诺贝尔经济学奖》，《证券时报》，2018-10-08）

【新闻快照】

太可怕了！如果全球气温上升 2℃和 4℃世界是这样

美国气候专家提供的一份报告显示，如果全球气候变暖导致平均气温升高 2℃，将造成 2.8 亿人居住的大片陆地被淹没；而

如果平均气温升高 4℃，则会造成 7.6 亿人因家园被水淹没而无家可归。

　　这份报告还随附了当平均气温升高 2℃和 4℃时，全球几大著名城市的景象。这些预测照片时时刻刻在告诉人们，2℃和 4℃绝不是简单的小小数字，而是有可能使我们赖以生存的生态环境和家园发生翻天覆地变化的巨大力量。

美国纽约（左上、左下）和英国伦敦（右上、右下）

中国上海（左上、左下）和南非德班（右上、右下）

（摘自《中国日报》，2015-12-01）

5. 什么是 ESG 框架?

【快速回答】

ESG 是三个英语词(组)的缩写,它们分别是:环境(Environment)、社会责任(Social Responsibility)和公司治理(Corporate Governance)。

环境方面,包括碳排放、环境政策、废物污染及管理政策、能源使用及管理、自然资源消耗及管理、生物多样性、合规性等。

社会责任方面,包括性别平衡、人权政策、社团、健康安全、管理培训、劳动规范、产品责任、合规性等。

公司治理方面,包括公司治理、贪污受贿处理、反不正当竞争、风险管理、税收透明、公平的劳动实践、道德行为准则、合规性等。

【延伸阅读】

ESG 是近年来在金融市场流行起来的投资策略,旨在追求长期的财务回报,同时对社会做出积极贡献。有机构称,从长远看,ESG 所指向的是金融领域的未来。

在 ESG 投资中往往还有 ESG 基金和泛 ESG 基金之分,ESG 基金指的是在投资策略中完整包含环境、社会责任、公司治理投资理念的基金;而泛 ESG 基金则指未完整纳入 ESG 投资理念,但考量了其中某一方面的基金。

《中国责任投资年度报告 2020》显示，2020 年国内泛 ESG 股票指数数量增至 52 只，泛 ESG 公募基金数量则增至 127 只，资产规模 1209.72 亿元，达到历史最高水平。若以 5 年为单位，"十三五"（2016—2020）期间，我国泛 ESG 股票指数数量增长 34%，泛 ESG 公募基金数量增长 79%，资产规模增长 109%。

ESG 投资理念，最早起源于 20 世纪 60 年代的欧洲，其前身是社会责任投资（Social Responsibility Investment）。而高盛在 2005 年建立"环境政策框架"，正式将 E、S、G 三个看似无关联的名词并列在一起。至此，越来越多的投资者和资产管理公司将其引入公司研究和投资决策的框架中。

ESG 的本质是给社会责任投资提供思考问题的框架和角度，这是一个方法论，一个视角。起初，ESG 在海外推行并非为市场化机构投资者获取超额收益服务。

【政策解读】

证监会发布修订后《上市公司治理准则》确立 ESG 信息披露基本框架

证监会网站（2018 年）9 月 30 日发布修订后的《上市公司治理准则》（以下简称《准则》）。此次修订的重点包括强化上市公司在环境保护、社会责任方面的引领作用；确立环境、社会责任和公司治理（ESG）信息披露的基本框架等。

（证监会）公告称，为认真贯彻落实党中央、国务院关于促进资本市场稳定健康发展的决策部署，进一步推动上市公司规范运作，提升公司治理水平，保护投资者合法权益，证监会修订并正式发布《准则》，自发布之日起施行。

此次修订《准则》，始终坚持全面贯彻落实党的十九大精神，坚持以人民为中心的发展思想，立足中国国情，借鉴国际经验，在保留原《准则》对上市公司治理主要规范要求的基础上，适应境内外市场变化和公司治理发展趋势，增加了一系列新要求。

修订后的《准则》共10章98条，内容涵盖上市公司治理基本理念和原则，股东大会、董事会、监事会的组成和运作，董事、监事和高级管理人员的权利义务，上市公司激励约束机制，控股股东及其关联方的行为规范，机构投资者及相关机构参与公司治理，上市公司在利益相关者、环境保护和社会责任方面的基本要求，以及信息披露与透明度等。

此次修订的重点包括以下几个方面。

一是紧扣新时代的主题，要求上市公司在公司治理中贯彻落实创新、协调、绿色、开放、共享的发展理念，增加上市公司党建要求，强化上市公司在环境保护、社会责任方面的引领作用。

二是针对我国资本市场投资者结构特点，进一步加强对控股股东、实际控制人及其关联方的约束，更加注重中小投资者保护，发挥中小投资者保护机构的作用。

三是积极借鉴国际经验，推动机构投资者参与公司治理，强化董事会审计委员会作用，确立环境、社会责任和公司治理信息披露的基本框架。

四是回应各方关切，对上市公司治理中面临的控制权稳定、独立董事履职、上市公司董监高评价与激励约束机制、强化信息披露等提出新要求。

下一步，证监会将根据新《准则》，研究完善相关规章、规范性文件，指导证券交易所、中国上市公司协会等自律组织制定、修改相关自律规则，逐步完善上市公司治理规则体系。同时，加强对上市公司的培训，强化上市公司完善治理、规范运作的自觉性，不断提高上市公司质量。

（摘自中国金融信息网，2018-10-01）

【案例分析】

ESG 投资更能"赚钱"

我们拿过去 20 年美国股市的表现来看 ESG 因素对于长期回报的影响。从 1999 年 1 月 1 日到 2018 年 6 月 30 日，10000 美元在道琼斯指数的投资会增长到 29660 美元；然而，10000 美元再加入 ESG 因素的大盘指数投资，会增长到 38044 美元。我们再看两个公司对比的案例，或许能更加直观。我们选取了 2008 年 9 月之后的美国两大银行股：摩根大通和富国银行。两者在很长一段时间内股价表现几乎一致。然而到了 2016 年，富国银行爆出了员工创建几百万个虚假账户的丑闻，公司解雇了 5300 名职员。从那以后，两者的股价走势出现了天壤之别。最终，如果你在 2008 年 9 月投资 100 美元在富国银行，到 2018 年 9 月 30 日，你的投资会变成 180 美元；但是如果你在公司治理没有问题的摩根大通投入 100 美元，你的投资会变成 306 美元。我们从中看到了公司治理对于长期股价的影响。

在我们的投资体系中，我们会收集大量公司相关的数据，这些数据有些来自公司本身，有些来自第三方研究平台。通过对这些数据的分析，我们会对行业和公司进行定量分析。同时，数据本身并非静态的，我们会持续和公司的管理层进行沟通，来更新对于公司的 ESG 数据。

从过去的一些投资案例中我们发现，ESG 分析框架能更好地识别风险。比如我们曾经对某矿业公司的债券做过研究，发现市场估值并没有反映行业在污染上的风险，同时，该公司历史上有员工罢工的事件出现，说明员工的满意度不高。这也导致我们最终没有买入该公司的债券，而这家公司之后也暴露出治理风险，导致债券价格大跌。

ESG 不仅仅有助于在公司层面上规避风险，甚至有助于在全球资产配置中避免风险。比如我们看到今年出问题的土耳其国债，从 ESG 的角度看，就发现土耳其的政治稳定性和安全性在过去几年出现了恶化，这也帮助我们避开了土耳其的债务危机。

回到我们的投资体系，我们希望给客户带来更好的风险调整后收益。我们会从不同维度帮助客户去规避一些风险。这些风险可以是传统的公司估值风险、成长性风险，也可以是通过 ESG 所识别出的公司治理风险。只有从各个角度规避风险，才能给投资者带来更加长期稳健的回报。

（摘自《今年以来最流行的 ESG 策略，这家海外机构是这么做的》，搜狐网，2018-11-26）

【思考讨论】

你认同 ESG 投资理念吗？为什么？

6. 绿色金融的经济学理论基础是什么？

【快速回答】

发展绿色金融的经济学理论基础是发挥金融资源配置和风险管理功能，将环境外部性"内部化"。

外部性是指经济主体对他人造成损害或带来利益，却不必为此支付成本或得不到应有的补偿。外部性可以分为正外部性（积极的外部影响或称外部经济）和负外部性（消极的外部影响或称外部不经济）。

在解决环境污染的外部性问题上，焦点主要集中在如何界定与有效消除负外部性，将污染外部性问题内部化就是行之有效的方式之一。所谓环境污染外部性的内部化，就是使生产者或消费者产生的外部费用，进入他们的生产和消费决策，由他们自己承担或"内部消化"，从而弥补外部成本与社会成本的差额，以解决环境污染外部性问题。在环境领域，内部化外部成本的常见经济手段有：向经济人征税，界定资源的产权，实行排污权交易制度，等等。

【延伸阅读】

外部性理论的三块里程碑

第一块里程碑：马歇尔的"外部经济"理论。

马歇尔是英国"剑桥学派"的创始人，是新古典经济学派的代表。外部性概念源于马歇尔1890年发表的《经济学原理》中提出的"外部经济"概念。

第二块里程碑：庇古的"庇古税"理论。

庇古是马歇尔的嫡传弟子，于1920年出版了代表作《福利经济学》，这是西方经济学发展中第一部系统论述福利经济学问题的专著。因此，庇古被称为"福利经济学之父"。

庇古首次用现代经济学的方法从福利经济学的角度系统地研究了外部性问题，在马歇尔提出的"外部经济"概念基础上扩充了"外部不经济"的概念和内容，将外部性问题的研究从外部因素对企业的影响效果转向企业或居民对其他企业或居民的影响效果。外部性实际上就是边际私人成本与边际社会成本、边际私人收益与边际社会收益的不一致。通过经济模型可以说明，存在外部经济效应时纯粹个人主义机制不能实现社会资源的帕累托最优配置。

既然在边际私人收益与边际社会收益、边际私人成本与边际社会成本相背离的情况下，依靠自由竞争是不可能达到社会福利最大化的，那么就应由政府采取适当的经济政策，消除这种背离。

政府应采取的经济政策是：对边际私人成本小于边际社会成本的部门实施征税，即存在外部不经济效应时，向企业征税；对边际私人收益小于边际社会收益的部门实行奖励和津贴，即存在外部经济效应时，给企业以补贴。庇古认为，通过这种征税和补贴，就可以实现外部效应的内部化。这种政策建议后来被称为"庇古税"。

庇古税在经济活动中得到广泛的应用，如在基础设施建设领域采用的"谁受益谁投资"的政策、环境保护领域采用的"谁污染谁治理"的政策。像排污收费制度已经成为世界各国环境保护的重要经济手段，其理论基础也是庇古税。

第三块里程碑：科斯的"科斯定理"。

科斯是新制度经济学的奠基人，他因"发现和澄清了交易费用和财产权对经济的制度结构和运行的意义"，荣获1991年度的诺贝尔经济学奖。科斯的代表作《社会成本问题》的理论背景就是庇古税。长期以来，关于外部效应的内部化问题大多被庇古税理论所支配。在《社会成本问题》中，科斯多次提到庇古税问题。从某种程度上讲，科斯理论是在批判庇古税理论的过程中形成的。科斯对庇古税的批判主要集中在如下几个方面。

第一，外部效应往往不是一方侵害另一方的单向问题，而具有相互性。第二，在交易费用为零的情况下，庇古税根本没有必要。第三，在交易费用不为零的情况下，解决外部效应的内部化问题要通过各种政策手段的成本与收益的权衡比较才能确定。也就是说，庇古税可能是有效的制度安排，也可能是无效的制度安排。

上述批判构成所谓的科斯定理：如果交易费用为零，无论权利如何界定，都可以通过市场交易和自愿协商达到资源的最优配置；如果交易费用不为零，制度安排与选择是重要的。这就是说，解决外部性问题也许可以用市场交易形式即自愿协商替代庇古税手段。

随着 20 世纪 70 年代环境问题的日益加剧，市场经济国家开始积极探索实现外部性内部化的具体途径，科斯理论随之被投入实际应用之中。在环境保护领域，排污权交易制度就是科斯理论的一个具体运用。科斯理论的成功实践进一步表明，"市场失灵"并不是政府干预的充要条件，政府干预也并不一定是解决"市场失灵"的唯一方法。

马歇尔（左）、庇古（中）和科斯（右）

【思考讨论】

在环境领域，如何鼓励正外部性的行为？如何克服负外部性的影响？

7. 发展绿色金融面临的挑战有哪些？

【快速回答】

绿色金融的发展面临许多挑战，包括环境外部性内部化所面临的困难、期限错配、缺乏对绿色的清晰定义、信息不对称和分析能力缺失等。

（摘自 2016 年《二十国集团领导人杭州峰会公报》）

【新闻快照】

识别绿色金融在发展中面临的挑战

中国金融学会绿色金融专业委员会主任马骏接受采访时表示："绿色发展面临巨大资金需求，全球每年需在绿色产业投入几万亿美元，因此绿色金融的发展前景十分广阔。关键是要识别和克服绿色金融发展面临的挑战。"

对此，G20 绿色金融研究小组分析了发展绿色金融面临的挑战。其中部分挑战是绿色项目特有的，如环境外部性内部化的困难、信息不对称、分析能力不足和缺乏对绿色概念的明确定义等。还有一些挑战则属于多数长期项目都会遇到的问题，如期限错配。

马骏表示，发展绿色金融面临的最大挑战是如何有效地将环境外部性内部化。这些外部性既可以是绿色项目带来环境改善的正外部性，也可以是污染项目带来环境损害的负外部性。环境外部性的内部化困难会导致"绿色"投资不足和"棕色"投资过度。

针对这些问题，一些国家采取了贴息、优惠贷款、担保等措施，以降低绿色项目的融资成本，改善绿色项目的回报率。

关于期限错配，马骏指出，在全球几个主要市场，银行的平均贷款期限只有两年左右。这就导致了长期资金供给不足，使得长期项目面临融资难、融资贵的问题。许多绿色项目是长期项目，因此面临着期限错配所导致的融资约束。

解决期限错配的方法包括发展绿色债券市场和其他以绿色项目收益为支持（抵质押）的融资工具。中国在去年年底开始建立绿色债券市场，今年中国绿色债券发行量已居全球第一。

马骏还提及绿色定义的缺失。他强调，缺乏对绿色金融活动和产品的清晰定义，投资者、企业和银行就难以识别绿色投资的机会或标的，还可能阻碍环境风险管理、企业沟通和政策设计。因此对绿色金融和产品的适当定义是发展绿色金融的前提条件之一。

目前，在中国、孟加拉国和巴西，已经在国家层面上推出了对绿色信贷的定义和指标；国际资本市场协会和中国金融学会绿色金融专业委员会也分别推出了对绿色债券的"国际定义"和"中国定义"。但是不少国家还没有采纳任何一种对绿色金融或主要绿色资产类别的定义。

在信息不对称这一问题上，马骏表示，如果企业不披露环境信息，就会增加投资者对绿色资产的"搜索成本"。此外，若没有持续的、可以信赖的绿色资产"贴标"，也会阻碍绿色投资发展。在一些国家，由于不同政府部门的数据管理各自为政，也加剧了信息不对称。据了解，近年来，全球 20 多个证券交易所引入了对上市公司环境信息披露的要求，在解决信息不对称问题方面取得一些进展。

此外，一些金融机构由于分析能力不足，无法识别和量化环境因素可能导致的信用和市场风险，因而低估"棕色"资产的风险，高估绿色投资的风险。结果，污染性项目仍然获得了过度投资，而绿色项目则面临投资不足问题。

"对环境风险进行更加深入的分析，有助于更好地应对风险，更有效地将环境外部性进行内部化，进而有利于动员私人资本加大绿色投资。"马骏表示。近年来，包括英格兰银行和中国工商银行在内的一些机构已经开展了对环境风险导致金融风险的定量分析，引起了业界的广泛关注。

（摘自《发挥绿色金融积极作用　支持全球可持续发展》，中国金融新闻网，2016-08-27）

8. 发展绿色金融有哪些关键举措？

【快速回答】

发展绿色金融，关键要构建我国统一的绿色金融标准体系，完善绿色金融发展的制度环境，推动深入开展国际合作。

【延伸阅读】

G20绿色金融研究小组提出七项可选措施

G20绿色金融研究小组在总结各国经验和市场实践的基础上，提出了如下主要可选措施，各国可以考虑采用适合自己国情的多项措施，以提升金融体系动员私人部门绿色投资的能力。

第一，提供战略性政策信号与框架。在绿色投资战略框架方面，各国政府可向投资者提供更加清晰的环境和经济政策信号，包括如何具体实施联合国可持续发展目标和《巴黎协定》的设想。

第二，推广绿色金融自愿原则。各国政府、国际组织与私人部门可共同制定、完善和实施可持续银行业、负责任投资和其他绿色金融领域的自愿原则，并评估执行这些原则的进展。

第三，扩大能力建设学习网络。G20与各国政府可推动扩大和强化包括SBN（IFC倡导的可持续银行网络）、PRI（联合国责任投资准则）在内的国际能力建设平台和相关国内机构的作用。这些扩展后的能力建设平台可以覆盖更多的国家和金融机构。

第四，支持本币绿色债券市场发展。对有兴趣发展本币绿色债券市场的国家，国际组织、开发银行和专业市场机构可在数据收集、知识共享与能力建设等方面给予支持。这些支持可包括与私人部门共同制定绿色债券指引和信息披露要求以及培育绿色债券认证的能力。开发银行也可考虑通过担任基石投资者和进行示范发行来支持本币绿色债券市场的发展。

第五，开展国际合作，推动跨境绿色债券投资。政府和市场主体可通过双边合作来推动绿色债券跨境投资。在合作中，市场参与方可研究设计共同认可的绿色债券投资协议。

第六，推动环境与金融风险问题的交流。G20 和 G20 绿色金融研究小组可通过支持交流和对话，推动私人部门和研究机构探讨环境风险问题，包括金融领域如何开展环境风险分析及管理的各种方法等。

第七，完善对绿色金融活动及其影响的测度。基于 G20 和其他国家的经验，G20 和各国政府可推动研究绿色金融指标体系及相关定义，并分析绿色金融对经济和其他领域的影响。

（摘自《发挥绿色金融积极作用 支持全球可持续发展》，中国金融信息网，2016-08-29）

【新闻快照】

陈雨露：绿色金融发展要做好三项核心工作

全国政协经济委员会副主任、中国人民银行副行长陈雨露在发布会上介绍，2016 年我国正式公布了《关于构建绿色金融体系的指导意见》，标志着我们国家成为世界上第一个由政府推动构建绿色金融体系的国家。这几年绿色金融产业发展非常迅速，到 2018 年末，我国 21 家主要银行绿色贷款的余额已经达到了 8 万多亿元，比 2017 年同比增长了 16%；我国境内绿色债券存量规模已经接近 6000 亿元，规模位居世界前列。

陈雨露表示，在国际范围内，中国的绿色金融也拥有着相当的国际话语权和引领力。在中国政府的积极推动之下，绿色金融发展的倡议和政协建议列入了 2016 年中国 G20 杭州峰会的公报，列入了 2017 年德国汉堡行动计划，也列入了 2018 年的阿根廷布宜诺斯艾利斯峰会的重要议题，这大大地增强了绿色金融国际主流化的进程。

陈雨露坦言，下一步，围绕绿色金融的发展有三项核心工作要做。第一项，要构建我国统一的绿色金融标准体系。这个标准体系要求国内统一、国际接轨，清晰、可执行。应当说现在构建国家标准体系已经有了相当的基础，一是原有与绿色金融有关的标准有很多合理之处可以充分吸收。二是国外有些国家在绿色金融标准制定方面有不少的经验可以借鉴，特别是经国务院批准，有五大绿色金融改革创新试验区，经过过去将近两年的努力，也有实践经验可以总结和凝练。

第二项，充分发挥好政府的作用，要完善绿色金融发展的制度环境。比方央行已经把绿色债券和绿色信贷纳入了 MPA（宏观审慎评估考核制度体系），通过这些指标的纳入来激励和引导我国的银行和其他金融机构发展绿色金融。

第三项，在绿色金融的国际化进程方面需要持续地推动。去年央行、法国法兰西银行，还有其他几个国家共同牵头发起了一个全球央行和监管机构的绿色金融网络。这个绿色金融网络就是在全球范围内搭建一个推动绿色金融向前发展的常态化平台，要发挥好这个平台的作用，因为央行在其中发挥着核心作用。总的来说，希望通过我国绿色金融的高质量发展来助推我国国民经济的高质量发展。

（摘自人民网，2019-03-05）

【思考讨论】

你认为发展绿色金融行之有效的举措有哪些？

9. 我国绿色金融发展规模有多大？

【快速回答】

截至 2019 年末，绿色信贷余额为 10.6 万亿元，2016—2019
年累计发行绿色债券 1.1 万亿元，成立绿色基金 700 余只。

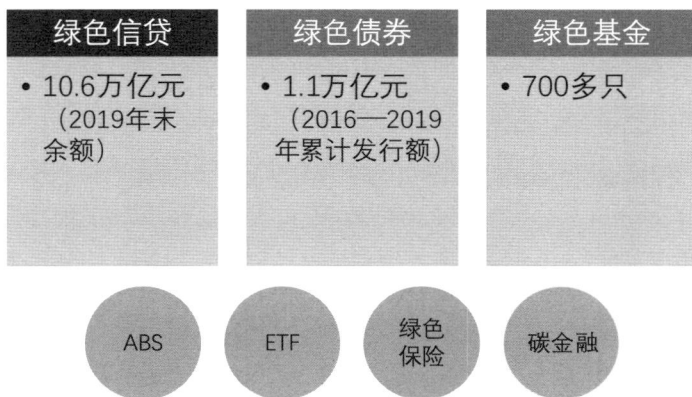

绿色信贷	绿色债券	绿色基金
• 10.6万亿元 （2019年末余额）	• 1.1万亿元 （2016—2019年累计发行额）	• 700多只

ABS　　ETF　　绿色保险　　碳金融

我国主要绿色金融产品及其规模

【延伸阅读】

根据原银监会提供的数据，截至 2017 年 2 月，国内 21 家

银行业金融机构 ① 绿色信贷余额 7.5 万亿元，占所有信贷余额的 9%；绿色债券发行规模也从 2015 年的几乎空白，升至 2016 年的 2400 亿元，占全球总量的近 40%，2017 年上半年发行量占比继续保持领先地位，全球占比超过 20%；截至 2017 年第一季度，我国绿色证券投资基金约 90 只，规模接近 800 亿元。除此之外，绿色产业发展基金、绿色信托、绿色保险等也获得长足发展。

据中国人民银行统计，截至 2018 年末，全国银行业金融机构绿色信贷余额为 8.23 万亿元，同比增长 16%；全年新增 1.13 万亿元，占同期企业和其他单位贷款增量的 14.2%。2018 年绿色企业上市融资和再融资合计 224.2 亿元。

【思考讨论】

你认为未来 3 年，绿色金融发展规模会有什么变化趋势？未来 10 年呢？

10. 我国绿色金融领域有哪些重要政策文件？

【快速回答】

我国绿色金融领域主要政策文件如下表所示。

---

① 主要银行业金融机构包括：国家开发银行、中国进出口银行、中国农业发展银行、中国工商银行、中国建设银行、交通银行、中信银行、中国光大银行、华夏银行、广发银行、平安银行、招商银行、上海浦东发展银行、兴业银行、中国民生银行、恒丰银行、浙商银行、渤海银行、中国邮政储蓄银行等。

我国绿色金融领域主要政策文件

时　间	文件／报告	核心内容
2015 年 4 月	中共中央、国务院关于加快推进生态文明建设的意见	首次提出要推广绿色信贷、排污权抵押等融资，开展环境污染责任保险试点
2015 年 9 月	生态文明体制改革总体方案	提出了建立绿色金融体系
2015 年 10 月	党的十八届五中全会公报	明确我国要发展绿色金融，设立绿色发展基金
2016 年 3 月	我国"十三五"规划	建立绿色金融体系，发展绿色信贷、绿色债券，设立绿色发展基金
2016 年 8 月	关于构建绿色金融体系的指导意见	定义了绿色金融、绿色金融体系，构建起较为完整的绿色金融政策体系

【延伸阅读】

近年来，我国大力推动绿色金融发展的顶层设计，制定和出台了一系列促进绿色金融发展的法律法规，逐步探索构建起我国绿色金融体系。

2015 年 4 月 25 日，《中共中央、国务院关于加快推进生态文明建设的意见》首次提出要推广绿色信贷、排污权抵押等融资，开展环境污染责任保险试点。

2015 年 9 月，中共中央、国务院印发《生态文明体制改革总体方案》，从信贷、绿色股票指数、绿色债券、绿色发展基金、上市公司披露信息、担保、环境强制责任保险、环境影响评估、国际合作等方面具体提出了建立绿色金融体系。

2015 年 10 月，党的十八届五中全会再次明确我国要发展绿色金融，设立绿色发展基金。

2016 年 3 月，"建立绿色金融体系，发展绿色信贷、绿色债券，设立绿色发展基金"再次写入我国"十三五"规划。

2016 年 8 月 31 日，中国人民银行、财政部等七部委联合发布《关于构建绿色金融体系的指导意见》，指导意见定义了绿色金融、绿色金融体系，指出了构建绿色金融体系的重要意义，并提出从大力发展绿色信贷、推动证券市场支持绿色投资、设立绿色发展基金、发展绿色保险、完善环境权益交易市场、支持地方发展绿色金融、推动开展绿色金融国际合作等方面建立多层次的绿色金融市场体系，由此，构建起了较为完整的绿色金融政策体系。

【政策解读】

2016 年 8 月 31 日，中国人民银行等七部委联合发布《关于构建绿色金融体系的指导意见》，提出了 35 项发展绿色金融的具体措施，成为我国绿色金融体系的"基本法"，开启了系统性的绿色金融制度体系建设进程。银行、证券、保险以及环境产权等各领域的制度体系加快成形。部分金融机构也对绿色金融业务管理和创新的不同领域，展开了深入的探索。比如，兴业银行自 2006 年起便深耕绿色金融，构建起了完善的管理流程、标准体系、专业团队以及产品体系；中国工商银行近年来也在环境风险分析和管理方面开展了探索。在政策推动和机构的主动作为下，我国绿色金融市场规模迅速增长。

第二章　绿色金融体系

11. 什么是绿色金融体系?

【快速回答】

绿色金融体系是指通过绿色信贷、绿色债券、绿色股票指数和相关产品、绿色发展基金、绿色保险、碳金融等金融工具和相关政策支持经济向绿色化转型的制度安排。

(摘自 2016 年 8 月 31 日中国人民银行、财政部等七部委联合发布的《关于构建绿色金融体系的指导意见》)

【政策解读】

经国务院同意,中国人民银行、财政部等七部委联合发布了《关于构建绿色金融体系的指导意见》(以下简称《意见》),共 9 个方面 35 条内容。《意见》体现了一系列重要的创新。比如,绿色金融过去通常被狭义地理解为绿色信贷,但《意见》中倡导的绿色金融体系则包括了绿色债券、绿色股票指数及相关产品、绿色发展基金、绿色保险、碳金融等主要金融工具。再比如,过去的绿色信贷政策主要集中在对"两高一剩"行业的限制性措施,而《意见》则强化了对绿色投融资的若干激励机制,包括再贷款、贴息、担保、政府参与的绿色基金投资、宏观审慎评估、简化审批流程等措施。另外，设立国家级的绿色发展基金、建立强制性环境信息披露和强制性环境责任保险制度也是十分重要的绿色金融领域的创新。

【思考讨论】

你认为绿色金融体系构建的关键因素有哪些?

12. 什么是绿色金融体系的"四大支柱"?

【快速回答】

绿色金融体系的"四大支柱"，可以归纳为界定绿色标准、披露环境信息、健全激励机制和创新绿色金融产品体系。

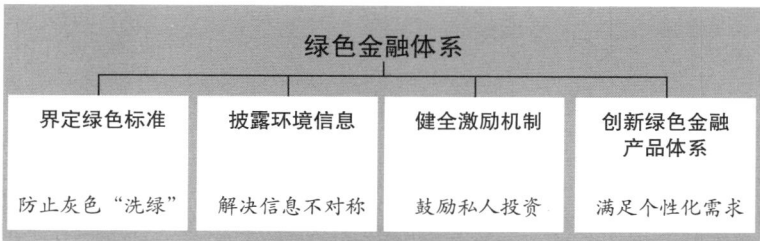

绿色金融体系的"四大支柱"

【政策解读】

中共中央国务院在 2015 年 9 月发布了《生态文明体制改革总体方案》，提出要构建我国的绿色金融体系。此后以这个文件

为基础，中央给了中国人民银行一项任务，由中国人民银行牵头
起草《关于构建绿色金融体系的指导意见》。

《关于构建绿色金融体系的指导意见》在 2016 年 8 月公布
之后，被国际公认为全球第一份比较完整的绿色金融政策框架。
文件共有 35 条。可以把它的主要内容归纳为绿色金融界定标准、
环境信息披露、绿色金融激励机制和绿色金融产品体系。

【思考讨论】

你认为这四大支柱之间是什么关系？

13. 构建绿色金融体系的目标是什么？

【快速回答】

构建绿色金融体系的目标可以概括为"一降一提一强化"，
即降低污染型项目的投资回报率和融资的可获得性；提高绿色项
目的投资回报率和融资的可获得性；强化企业社会责任意识和消
费者环保意识。

【延伸阅读】

学者观点

构建绿色金融体系的主要目的是动员和激励更多社会资本投
入绿色产业，同时更有效地抑制污染性投资。构建绿色金融体系，

不仅有利于加快我国经济向绿色化转型，支持生态文明建设，还有利于促进环保、新能源、节能等领域的技术进步，加快培育新的经济增长点，提升经济增长潜力。

在当前的绿色金融体系建设中，有两方面需要着力加以推进：一是提高绿色项目的投资回报率和融资的可获得性，二是降低污染型项目的投资回报率和融资的可获得性。简而言之，就是要为绿色项目解决融资难、融资贵的问题，同时让污染项目变得融资难、融资贵。以此改变整个投资结构，使资金转向更为绿色的行业。

14. 绿色金融体系有哪些衡量的维度？

【快速回答】

绿色金融体系可以分为三个维度：（1）由企业、金融机构、投资者以及中介机构等组成的市场主体；（2）由各类金融产品与服务构成的客体；（3）市场环境。

【延伸阅读】

绿色金融市场的主体，包括融资企业、金融机构和投资者，是绿色理念、绿色发展目标的践行者。相关主体在经营和投资行为中，对资源节约、环境保护及可持续发展的关注，是绿色金融市场区别于普通金融市场的基本特征。

绿色金融产品主要包括绿色信贷、绿色债券、绿色股票指数和相关产品、绿色发展基金、绿色保险、碳金融等金融工具。此外还包括绿色市政债券、开展环境权益抵质押交易、绿色供应链金融资产支持证券等创新绿色金融工具和服务。

绿色金融市场环境从狭义上看，主要是指绿色金融市场的运行规范性和有效性，从广义上看还包括绿色发展的理念、绿色经济营商环境、绿色执法环境等内容。

【思考讨论】

如何客观地衡量绿色金融体系效率的高低?

15. 什么是绿色金融指数体系?

【快速回答】

绿色金融指数体系和绿色金融体系的三个维度相对应。绿色金融指数体系包括市场主体绿色绩效指数、绿色产品指数、绿色金融市场发展指数三大类。

【延伸阅读】

绿色绩效指数是构建绿色产品指数的基础，反映了市场对绿色理念的认识与认同。联合国责任投资原则组织（UN PRI）提出的 ESG 框架是影响最为广泛的绿色绩效评价体系，支撑着全球规模巨大的社会责任投资。

绿色金融产品指数包括绿色股票、债券和综合指数，在欧美市场发展较为成熟，并衍生出大量指数基金等产品。

绿色金融市场发展指数通过分析绿色金融市场资金配置效果及市场流动性，以反映市场总体发展情况。

【思考讨论】

你认为通过指数来观察绿色金融是一种科学有效的方法吗？

16. 我国绿色金融的界定标准是什么？

【快速回答】

我国绿色金融的界定标准主要有三套，分别是 2013 年银监会发布的《绿色信贷统计制度》；2015 年中国金融学会绿色金融专业委员会发布的《绿色债券支持项目目录》（中国人民银行、发展改革委、证监会于 2021 年 4 月发布了《绿色债券支持项目目录（2021 版）》，自 2021 年 7 月 1 日起实施）；2019 年发展改革委等 7 部委发布的《绿色产业指导目录(2019 年版)》。这三套标准明确界定了我国绿色金融支持的范围。

【延伸阅读】

为什么要明确界定绿色金融标准？

绿色金融和非绿色金融最重要的区别，是投资对象是否为生态环保绿色项目，是否具有生态环保效益，也就是说，绿色金融标准至关重要。如果不牢牢守住绿色金融标准，确保绿色金融资金真正支持绿色项目，如果绿色金融不能帮助实现环境治理目标，那无论资金总量多少，都很难达到最初的预期。为了确保绿色金融能实现环境治理目标，确保其在生态环境治理中发挥重要作用，绿色金融标准一定需要生态环境部门参与制定。我国目前推行绿色金融中面临的重大挑战，就是如何将绿色金融真正与生态环境保护相挂钩，如何真正将绿色金融纳入整个环境治理体系中，使其发挥环境经济政策的作用。

绿色金融标准。这个标准必须公开透明，接受公众监督，而且还需要详细可执行，使企业可以比较清晰地分辨出哪些是绿色金融支持的绿色项目和绿色技术。没有能够公开或清晰识别资金流向的标准，就难以将我国的绿色金融引导到高质量发展的轨道上。

【新闻快照】

中国工商银行积极参与制定国际绿色金融标准

记者从中国工商银行获悉，该行入选联合国环境署金融倡议组织（UNEP FI）发起的"全球银行业可持续原则"核心银行工作组。作为参与核心工作组的唯一中资银行，中国工商银行将深度参与该原则起草的相关工作，在推广中国绿色金融先进经验的同时，积极参与国际绿色金融标准的制定。

据介绍，"全球银行业可持续原则"核心银行工作组，邀请来自全球五大洲 19 个国家的 26 家银行，为全球银行业可持续发展制定一整套原则、框架与指引。该核心工作组将于 2018 年 11 月 26 日在巴黎 UNEP FI "全球圆桌会议"上发布"全球银行业可持续原则"草案，并在全球范围内公开征询意见后，于 2019 年正式公布。届时，"全球银行业可持续原则"将与联合国责任投资原则（PRI）及保险可持续原则（PSI）一道，成为指导全球金融业践行联合国可持续发展目标和《巴黎协定》承诺的重要标杆。目前，中国工商银行已派代表参加了核心工作组多轮前期筹备会议，并代表中国银行业介绍了我国在绿色可持续发展方面的实践经验。

（摘自搜狐网，2018-05-31）

17. 哪些行业是绿色金融支持的行业？

【快速回答】

在我国，绿色金融支持的行业目前主要涵盖节能环保产业、清洁生产产业、清洁能源产业、生态环境产业、基础设施绿色升级和绿色服务等产业。

【延伸阅读】

2019 年 3 月份由国家发改委等七部委联合出台的《绿色产业指导目录（2019 年版）》及解释说明文件（以下简称《目录》），是我国建设绿色金融标准工作中的又一重大突破，也是我国目前关于界定绿色产业和项目最全面最详细的指引。《目录》属于绿色金融标准体系中"绿色金融通用标准"范畴，有了绿色产业目录这一通用标准，绿色信贷标准、绿色债券标准、绿色企业标准以及地方绿色金融标准等其他标准就有了一个统一的基础和参考，有助于金融产品服务标准的全面制定、更新和修订。绿色金融各项标准的不断出台与落地，将有效促进和规范我国绿色金融健康、快速发展，我国绿色金融将迎来标准的逐步统一。

《绿色产业指导目录（2019 年版）》一二级目录

一级目录		二级目录	
1	节能环保产业	1.1	高效节能装备制造
		1.2	先进环保装备制造
		1.3	资源循环利用装备制造
		1.4	新能源汽车和绿色船舶制造
		1.5	节能改造
		1.6	污染治理
		1.7	资源循环利用
2	清洁生产产业	2.1	产业园区绿色升级
		2.2	无毒无害原料替代使用与危险废物治理
		2.3	生产过程废气处理处置及资源化综合利用
		2.4	生产过程节水和废水处理处置及资源化综合利用
		2.5	生产过程废渣处理处置及资源化综合利用
3	清洁能源产业	3.1	新能源与清洁能源装备制造
		3.2	清洁能源设施建设和运营
		3.3	传统能源清洁高效利用
		3.4	能源系统高效运行
4	生态环境产业	4.1	生态农业
		4.2	生态保护
		4.3	生态修复

一级目录		二级目录	
5	基础设施绿色升级	5.1	建筑节能与绿色建筑
		5.2	绿色交通
		5.3	环境基础设施
		5.4	城镇能源基础设施
		5.5	海绵城市
		5.6	园林绿化
6	绿色服务	6.1	咨询服务
		6.2	项目运营管理
		6.3	项目评估审计核查
		6.4	监测检测
		6.5	技术产品认证和推广

【思考讨论】

你认为还有哪些行业也可以纳入绿色行业范围？为什么？

18. 为什么要进行环境信息披露？

【快速回答】

这主要是为了解决信息不对称的问题，除了普通项目要求的必须披露的财务数据之外，绿色项目还需要披露相关环境信息，才能让投资者知道到底有没有减少二氧化碳和各种污染物的排放，有没有达到预期环境效益。有了这些披露后，资金才有可能被引导进入真正的绿色项目。

【延伸阅读】

过去几年，中国的相关部委不断提出强化企业和金融机构环境信息披露的要求。比如 2017 年原环保部强制性地要求重点排污企业必须披露环境信息，上市公司中有 20% 左右属于这一类，已经被要求披露环境信息。《构建绿色金融体系的指导意见》的分工方案已经明确提出，中国要分三步走，建立上市公司环境信息强制披露制度，到 2020 年将会强制要求所有上市公司披露环境信息。最近的进展是生态环境部牵头几个部委将会制定一套强制要求上市公司和发债企业披露环境信息的规定。

此外，对一些金融产品也有环境信息披露的要求，比如 2017 年中国人民银行和证监会发布了关于绿色债券发行主体披露环境信息的要求；除此以外，还有自愿性措施，比如中英绿色金融工作组 1 年多以前组织了 10 家中英绿色金融机构开始主动披露环境信息，并且公布了 3 年行动计划。

（摘自《马骏：如何用金融手段来推动绿色、低碳的投资》，搜狐网，2020-04-30）

【案例分析】

亚太地区的 ESG 信息披露实施现状

总体来看，部分亚太地区发达经济体，包括新加坡、澳大利亚以及中国香港等在内，制定了较为严格的 ESG 信息披露制度。日本与中国大陆的 ESG 信息披露则正处于由自愿向强制转变的过程中。新加坡、澳大利亚、中国、新西兰以及日本等均已加入央行绿色金融网络（NGFS），并积极践行 TCFD 强调的 ESG 信息披露工作。

香港交易所（以下简称"港交所"）于 2012 年发布了《ESG 报告指引》（以下简称《指引》）作为上市公司自愿性披露建议，并且随后宣布自 2016 年起将部分建议上升至半强制披露层面，实施"不披露就解释"规定。此后，港交所于 2019 年 5 月发布了《指引》修订建议的咨询文件，同年 12 月确定新版《指引》内容，进一步扩大强制披露的范围，将披露建议全面调整为"不披露就解释"，持续提高对在港上市公司的 ESG 信息披露要求。

新加坡自 2016 年以来采取了一系列措施不断提高金融市场、保险行业、银行业等的 ESG 能力，以撬动全市场企业的可持续发展能力。2016 年，新加坡交易所宣布自 2018 年起对新交所上市公司的年度可持续发展报告实行"不披露就解释"规定，要求公司披露其可持续发展实践。此外，2019 年 11 月新加坡金融监管局宣布实施《绿色金融行动计划》，其中一项重要工作即为银行、保险和资产管理部门制定环境风险管理指南。此外，新加坡银行业拟将客户 ESG 表现纳入其授信评估流程；保险业拟将 ESG 纳入投资和承保流程。

澳大利亚的 ESG 信息披露目标重在管理其面对的气候变化风险。澳大利亚会计准则理事会和审计与鉴证准则理事会 2018 年发布《关于在财务报表范围内评估气候风险的联合指南》（*Joint Guidance on Assessing Climate-related Risks in the Context of Financial Statements*），要求编制和审计财报时，对气候相关信息的陈述以等同于其他财务指标的要求来看待。2019 年，澳大利亚证券交易所发布《公司治理原则》，就上市公司对气候变化造成的环境风险管理情况提出了系统性的披露指引。澳大利亚审慎监管局（APRA）在其 2019 年的退休金审慎框架中指出在制定投资策略时，应及时考量 ESG 因素。此外，APRA 还将开展"授权存款机构"的气候变化金融风险脆弱性评估。

（摘自碳排放交易网，2020-03-26）

【思考讨论】

你认为有必要进行环境信息强制披露吗？

19. 发展绿色金融有哪些政策激励？

【快速回答】

从中央层面看，主要是把绿色评价放入宏观审慎评估系统（MPA），中国人民银行还推出了绿色再贷款；从地方层面看，主要包括利息补贴和绿色担保。

我国中央和地方政府的激励举措及影响

激励政策	影　响	发布主体
绿色宏观审慎评估	激励银行增加绿色贷款	中国人民银行，2017 年
绿色再贷款	为绿色贷款提供低成本资金	中国人民银行，2017 年
利息补贴	鼓励银行和发行人发放绿色贷款和发行绿色债券	地方政府，2017—2019 年
绿色项目担保	降低绿色信贷的成本	地方政府，2018—2019 年

【案例分析】

国家、地区或地方政府的激励措施和政策要求

激励措施主体		具体举措
中国	浙江湖州	对绿色项目施行三级贴息——浅绿、绿、深绿分别给予6%、9%、12%的贴息
	江苏	对绿色债券贴息30%，力度很大
	中国香港	不仅有认证补贴，还对首次在香港发行债券的机构给予一次性奖励，每次奖励250万港元，可以连续给予两次
孟加拉国		要求银行至少把5%的贷款投向绿色产业
荷兰		政府设了绿色担保基金
日本、新加坡、马来西亚等国家		推出对绿色债券的认证补贴
丹麦		为小企业节能项目提供保险

【思考讨论】

你认为还可以采取哪些激励措施?

20. 什么是赤道原则?

【快速回答】

赤道原则（Equator Principles，EPs），是一套非强制的自愿性准则，用以决定、衡量以及管理社会及环境风险，以进行项目融资（Project Finance）或信用紧缩的管理。赤道原则的重要意义在于它第一次把项目融资中模糊的环境和社会标准明确化、具体化，为银行评估和管理环境与社会风险提供了一个操作指南。

赤道原则是 2002 年 10 月世界银行下属的国际金融公司和荷兰银行，在伦敦召开的国际知名商业银行会议上提出的一项企业贷款准则。2003 年 6 月，由来自 7 个国家的 10 家世界领先银行率先宣布实施。它是目前全球盛行的自愿绿色信贷原则。它确立了国际项目融资中社会与环境的最低信贷标准，并发展成为国际惯例。

【延伸阅读】

赤道原则的主要内容

赤道原则的内容和结构比较简单，包括序言、范围、方法、原则声明和免责声明五部分。赤道原则适用于全球各行各业。在支持一个新融资项目时，赤道原则适用于下述四种金融产品。

（1）项目资金总成本达到或超过 1000 万美元的项目融资咨询服务。

（2）项目资金总成本达到或超过 1000 万美元的项目融资。

（3）符合下述四项标准的用于项目的公司贷款（包括出口融资中的买方信贷形式）。

A. 大部分贷款与借款人拥有实际经营控制权（直接或间接）的单一项目有关。

B. 贷款总额为至少 1 亿美元。

C. 赤道原则金融机构单独贷款承诺（银团贷款或顺销前）为至少 5000 万美元。

D. 贷款期限至少 2 年。

（4）过桥贷款，贷款期限少于 2 年，且计划借由预期符合上述相应标准的项目融资或一种用于项目的公司贷款进行再融资。

【政策解读】

原则声明是赤道原则的核心部分，列举了赤道原则金融机构（EPFI）做出投资决策时需依据的 10 条特别条款和原则，并承诺仅会为符合条件的项目提供贷款。

第一条规定了项目分类标准，即基于国际金融公司的环境和社会筛选准则，规定了项目风险的分类依据，即根据项目潜在影响和风险程度将项目分为 A 类、B 类或 C 类（即分别具有高、中、低级别的环境或社会风险）。

第二条规定对 A 类和 B 类项目的环境和社会评估要求，对于每个被评定为 A 类和 B 类的项目，EPFI 会要求借款人开展环境和社会评估。

第三条规定了评估适用的环境和社会标准。项目位于非指定国家，则评估过程应符合当时适用的国际金融公司（IFC）社会和环境可持续性绩效标准，以及世界银行集团环境、健康和安全指南。项目位于指定国家，评估过程在社会和环境问题方面，应符合东道国相关的法律、法规和许可。

第四条规定环境和社会管理系统以及赤道原则行动计划。对于每个被评定为 A 类和 B 类的项目，EPFI 会要求借款人开发或维持一套环境和社会管理体系；

第五条规定了利益相关者的参与权。对于每个被评定为 A 类和 B 类的项目，EPFI 会要求借款人证明，其已经采用合适的方式保障利益相关方参与权。

第六条规定了投诉机制。对于 A 类和部分 B 类项目，EPFI 会要求借款人设立一套投诉机制，作为社会和环境管理体系的一部分，以促进借款人持续关注项目的社会和环境绩效，并解决相关投诉。

第七条规定对 A 类项目和 B 类项目有关的环境评估报告等文件，应由独立的社会和环境专家审查。

第八条规定借款人必须在融资文件中承诺的事项，包括承诺遵守东道国社会和环境方面的所有法律法规、在项目建设和运作周期内遵守行动计划要求以及定期向贷款银行提交项目报告等。

第九条规定了独立监测和报告制度，即贷款期间赤道银行应聘请或要求借款人聘请独立的社会和环境专家来核实项目监测信息。

第十条规定了赤道银行报告制度，其应至少每年向公众披露实施赤道原则的过程和经验。

最后，免责声明部分规定了赤道原则的法律效力，即赤道银行自愿独立采用和实施赤道原则。

【案例分析】

我国第一家赤道银行——兴业银行，从 2006 年 5 月与 IFC

合作推出能效融资起步，持续深耕绿色金融，创造了业内诸多
"第一"。资料显示，截至 2016 年 6 月末，该行累计投放绿色
金融融资突破 9000 亿元，余额超过 4300 亿元，支持了 6000 多
个节能环保企业和项目。

2015 年初，该行将绿色金融作为集团七大核心业务之一，
正式发布涵盖绿色融资、绿色租赁、绿色信托、绿色基金、绿色
投资、绿色消费等在内的"兴业银行绿色金融集团产品体系"，
实现"单兵作战"向"集团联动"转变。

【思考讨论】

你还了解哪些赤道银行或金融机构？

21. 赤道原则有何新进展？

【快速回答】

根据赤道原则官方的披露，赤道原则协会正在针对赤道原则
第四版（EP4）草稿进行第二轮的公众和利益相关方磋商。从最
新公布的 EP4 草稿来看，EP4 重点关注五个主要专业领域：赤道
原则的适用范围、赤道原则指定国家和应用标准、社会与人权、
气候变化以及生物多样性保护。

【延伸阅读】

赤道原则第四版更新的主要方向与内容

2019 年 6 月发布的 EP4 草稿与正在施行的赤道原则第三版（EP3）相比较，更新内容主要聚焦以下五个方面。

（1）适用范围。

总体来看，适用范围仍在与项目相关的业务领域内，但门槛进一步降低，适用于赤道原则的产品和业务范围扩大。除仍然适用于项目融资、项目融资咨询顾问、与项目相关的公司贷款以及过桥贷款四个业务品种外，EP4 第二版草稿增加了新的业务品种，也修改了与项目相关公司贷款的门槛。

（2）适用的指定国家与非指定国家。

EP4 草稿澄清了对位于"指定国家"的项目，除了遵守当地的法律，赤道原则金融机构（EPFI）也将评估项目的具体风险，以确定除了东道国法律之外，是否可以应用一个或多个 IFC 绩效标准来应对这些风险。此外，增加"对全球所有 A 类和 B 类项目进行尽职调查，并审查项目如何满足每项赤道原则要求，以及对于特定风险的额外尽职调查的自主权"。

（3）社会与人权。

序言指出，EPFI 将根据"联合国工商业与人权指导原则"履行其尊重人权的责任。原则 1 中，EPFI 根据项目的潜在环境和社会风险及影响程度对其进行分类，特意指出了"包括人权和气候变化方面"。原则 2 强化了对于人权的要求，指出评估文件中包含的环境和社会影响评估（ESIA）应包括对潜在的不利人权影响的评估。

（4）气候变化。

EP4草稿在EP3的基础上，对气候变化更加重视，增加了大量气候变化的内容，这成为EP4草稿的一大亮点。如"序言"部分强调了EPFI在2015年《巴黎协定》中的作用，以及按照气候变化相关财务信息披露工作组（TCFD）建议报告气候相关信息的责任。

（5）生物多样性保护。

EP4草稿增加了对生物多样性保护的关注。序言中增加了EPFI在对项目相关的融资中，支持生物多样性保护，加强与生物多样性有关的研究和决策。

（摘自《兴业研究：赤道原则第四版的更新与发展》，搜狐网，2019-07-06）

【政策解读】

赤道原则第四版草稿的特点

赤道原则第四版草稿有如下几个特点。

一是将赤道原则与国际目标和趋势紧密联系。EP4草稿将赤道原则与联合国可持续发展目标（SDGs）和《巴黎协定》相联系，认为EPFI将在这两个国际目标和协定中起到重要作用，其在序言中强调，"EPFI认识到赤道原则的应用可以为实现联合国可持续发展目标（SDGs）的目标和成果做出贡献"，"我们认识到，EPFI 应在 2015 年《巴黎协定》方面发挥作用，并致力于改善气候相关信息的可获得性，如 TCFD 建议"。

二是高度重视气候变化。国际社会普遍认为，应对气候变化是目前最紧迫和最重要的全球性问题之一。EP4 草稿对气候变化修订的条款最多，从序言到具体原则以及附件等，多处增加了对气候变化的具体要求和特意强调，这成为此次修订草稿的最大亮点。如在环境与社会风险尽职调查过程中，需要对项目进行气候变化风险评估的要求：对于 A 类与部分 B 类项目主要需考虑物理风险；对于排放量大于 10 万吨二氧化碳的项目主要需考虑转移风险并完成替代分析；对于每年二氧化碳排放量超过 10 万吨的项目，要求客户向公众披露项目运作阶段温室气体排放水平（包括范围 1 和范围 2 排放量的总和，以及温室气体排放强度）。

三是强调 EPFI 对环境与社会相关风险的责任。金融机构面临的风险种类众多，如信用风险、流动性风险、操作风险、市场风险，政策风险、法律风险以及声誉风险等。而赤道原则所要解决的并非金融机构面临的所有风险，而是帮助金融机构识别、评估和管理环境和社会相关风险。而各种风险彼此之间是有一定关联的，环境和社会风险管理不当很可能引发信用风险和声誉风险，因此金融机构对这两项风险的管理至关重要。赤道原则强调了金融机构对环境和社会相关风险的积极主动的管理，如要求对项目开展环境和社会风险尽职调查和评估，对于项目中可能存在的各类环境和社会影响，予以减轻、降低或进行恰当的补偿，并要求客户建立环境和社会管理体系、环境和社会管理计划以及赤道原则行动计划等。EP4 草稿的序言中强调，EPFI 对于赤道原则之外，在加强环境和社会风险管理方面也负有更广泛的责任。

（摘自《兴业研究赤道原则第四版的更新与发展》，搜狐网，2019-07-06）

22. 什么是《超级基金法》？

【快速回答】

美国《超级基金法》又称《综合环境反应、补偿与责任法》，是美国为解决危险物质泄漏的治理问题及其费用负担而制定的法律，由美国国会于 1980 年 12 月 11 日通过。其目的是建立一个能对危险物质泄漏和倾倒危险废物场所泄漏污染做出迅速反应的机制。

【延伸阅读】

《超级基金法》的颁布是绿色金融制度发展的重大转折点。1980 年的《超级基金法》是美国环境立法中至关重要的一部法律，也是美国绿色金融制度早期构建的一个新起点。《超级基金法》通过规定基金来源、基金支持项目和方向、排放有害物质的责任划分、赔偿、清理以及政府紧急反应等，将政府环保机构、有害物质生产者、个人都纳入环境保护当中，进一步明确了绿色经济发展的实施准则。尤为重要的是本法对银行环境责任提出明确的行动准则，即贷款银行需对债务企业应当支付的治理费用负责。具体体现在以下 3 个方面：

（1）联邦政府在防治污染上发挥宏观调控与财政资助作用。政府通过财政税收方式建立"反应基金"，一方面在受害者得不到责任人的补偿时，用于补偿受害者的损失；另一方面，用于恢复、更新已被损害的自然资源等。

（2）规定排放有害物质的责任承担者范围和他们应承担的清除污染、恢复自然资源的费用。此措施通过经济制裁方式来强制污染源生产者减少有害污染物的产生。

（3）突显出银行环保责任，贷款银行为保证其在企业中的投资，主动参与到企业生产经营活动的决策和管理中。上述措施的实施有效抑制住美国有毒物质带来的环境污染和国民健康危害问题。

【思考讨论】

你认为《超级基金法》的"超级"体现在哪里？

第三章　主要绿色金融组织

23. 什么是"绿金委"？

【快速回答】

"绿金委"是中国金融学会绿色金融专业委员会的简称，其宗旨为传播绿色金融理念，推动绿色金融创新。2015 年 4 月 22 日，中国金融学会绿色金融专业委员会成立大会暨绿色金融工作小组报告发布会召开。

中国人民银行研究局首席经济学家马骏当选"绿金委"主任。中国工商银行、中国农业银行、中国银行、中国建设银行、中国投资有限责任公司、中国人民保险集团、中国银河证券股份有限公司等金融机构和中国节能环保集团有限公司等成为"绿金委"的第一批常务理事和理事单位。

【延伸阅读】

"绿金委"第二届理事会成员，见下表。

中国金融学会绿色金融专业委员会第二届理事会顾问、主任、副主任、秘书长、副秘书长

顾问	
陈雨露	中国人民银行副行长
潘功胜	中国人民银行副行长、中国金融学会副会长
周延礼	中国保险监督管理委员会原副主席
张红力	中国工商银行原副行长
陈有安	中国银河证券股份有限公司原董事长
主任	
马　骏	中国人民银行货币政策委员会委员，清华大学金融与发展研究中心主任
副主任	
雷　曜	中国人民银行金融研究所副所长
马险峰	中国证券监督管理委员会中证金融研究院副院长
蔡　宇	中国保险学会副秘书长
别　涛	环境保护部政策法规司司长
周月秋	中国工商银行首席经济学家
秘书长	
王　文	中国人民大学重阳金融研究院执行院长
副秘书长	
杨　娉	中国人民银行研究局市场处负责人
李晓文	中国银行保险监督管理委员会政策研究局产业金融政策研究处处长
殷　红	中国工商银行现代金融研究院副院长
王　遥	中央财经大学气候与能源金融研究中心主任
安国俊	中国社科院金融研究所副研究员
周亚成	北京市中伦律师事务所合伙人
周一红	银河证券债券融资总部总经理
罗施毅	兴业银行绿色金融部总经理
梅德文	北京环境交易所有限公司总裁
金海年	诺亚（中国）控股有限公司首席研究官
王玉玲	中国人民财产保险股份有限公司总核保师

【思考讨论】

你认为"绿金委"是一个什么样的组织？

24. 什么是央行与监管机构绿色金融网络（NGFS）？

【快速回答】

央行与监管机构绿色金融网络于2017年12月在法国巴黎"一个星球"峰会上成立，是目前全球唯一的汇集多个司法管辖区央行和金融监管机构的国际论坛，由荷兰央行董事会成员弗兰克·埃尔德森（Frank Elderson）担任论坛主席，法国央行履行秘书职责。

其成员监管着全球2/3的系统重要性银行和保险公司，成员所管辖地区的温室气体排放量占全球温室气体排放总量的50%。目前，各成员致力于更好地应对气候变化带来的金融风险和机遇，并鼓励主流金融机构为可持续经济转型提供支持，进而为金融业的环境和气候风险管理贡献力量。

（资料来源：NGFS报告）

【延伸阅读】

央行与监管机构绿色金融网络：环境与气候风险正成为金融风险来源

2019年4月16—18日，央行与监管机构绿色金融网络（NGFS）在法国巴黎召开第二次全体会议，并举行了工作组会议和公开论坛。

中国人民银行行长特别顾问、中国金融学会绿色金融专业委员会（绿金委）主任马骏代表中国出席了会议，并作为 NGFS 监管工作组主席向全体会议报告了工作组的成果和政策建议。

马骏表示，为了解 NGFS 各成员及相关金融机构在环境和气候风险相关领域的进展情况，工作组开展了问卷调查。结果显示：第一，多数成员认识到环境与气候风险正在成为金融风险的来源，在环境风险分析方面，金融机构和监管机构均有进展，但受方法学和数据限制，相关工作仍处于早期阶段；第二，在环境信息披露方面，大部分国家还处于自愿披露阶段，部分国家和地区启动了半强制披露，中国是唯一承诺将对上市公司实施强制披露要求的主要经济体；第三，在"绿色"与"棕色"资产违约率方面，多数国家没有"绿色"或"棕色"资产分类标准与相关数据，中国已有绿色标准和违约数据，一些欧洲金融机构已在机构内部开始定义和采集数据；第四，关于监管建议，工作组提出了央行和监管机构应考虑对金融机构发布强化环境风险分析和信息披露的指引，并培训有关的监管人员。

马骏指出，为收集金融机构内部"绿色"或"棕色"资产违约数据，监管工作组成立了由瑞典金融管理局牵头的专题研究小组，将鼓励那些已在内部制定和实施分类标准的金融机构提供相关信息，包括违约率数据和分析报告。2019 年，监管工作组还将编制《金融机构环境风险分析手册》，并与金融稳定工作组联合编制《央行和监管机构环境风险分析手册》。

英格兰银行银行监管部负责人 Sarah Breeden 和德国央行董事会成员 Joachim Wuermeling 分别代表 NGFS 金融稳定工作组和发

展工作组介绍了过去一年的工作进展和 2019 年工作计划。

Breeden 表示，环境与气候相关风险具有可预见的深远影响，且与我们当前行为高度相关。若我们沿袭过去的发展轨迹，气候变化对于实体经济和金融体系的影响将十分显著，且由于相关影响具有非线性特征，过去的分析模型都低估了这些风险及其影响。我们亟须开发新的分析模型和情景分析工具，也需要更加细致的数据和分类标准，进行跨学科分析，以更好理解环境与气候相关风险及其对实体经济和金融体系的影响。为此，金融稳定工作组拟于 2019 年开展以下工作：一是开发情景分析工具，供央行和监管机构考虑和使用；二是开发主要气候风险指标，供央行和监管机构研究实体经济与金融体系的发展是否与"两度"情景一致；三是加强与学术机构的交流和合作，将气候因素纳入宏观金融分析模型；四是与监管工作组合作，联合编制《央行和监管机构环境风险分析手册》。

Wuermeling 表示，在发展绿色金融过程中，央行既是市场监管者，同时由于央行负责储备资产的管理和运用，还可以从投资者的角度支持绿色金融发展。过去一年多来，发展工作组主要研究两个议题，一是央行储备管理如何开展负责任投资，二是央行在发展绿色金融过程中的作用。2019 年，发展工作组将编制一份关于央行储备管理开展 ESG 投资的最佳实践的手册。

（摘自搜狐网，2019-04-19）

【政策解读】

NGFS 发布了题为《行动呼吁: 气候变化成为金融风险的来源》的综合报告。报告对全球央行、监管机构和政策制定者提出了 6 条应对环境风险和气候变化的政策建议, 具体包括:

将气候相关风险纳入金融稳定监测和微观监管范围;

将可持续要素融入央行自身资产组合管理;

填补数据缺口;

提高风险认知水平, 开展能力建设, 鼓励技术援助和知识共享;

按照一致的国际标准, 开展有效的环境与气候信息披露;

支持开发分类标准, 区分不同的 ("绿色" / "棕色") 经济活动。

NGFS 在其长达 42 页的深度报告中阐述, 气候变化将导致"大规模移民、政治不稳定和冲突等破坏性事件", 公司、银行和政府需要应对 3 种与气候相关的金融风险。

物理: 由极端天气事件和长期气候变化引起的经济花销和财务损失——例如严重的干旱、飓风影响作物。

转型: 唐突的转型会对金融稳定以及宏观经济产生影响, 例如, 如果企业以"突然或无序"的方式退出碳密集型行业和技术, 它们的商业模式和资产估值会受到重创。

责任: 人们或企业要求赔偿因物理或转型风险而遭受的损失, 这会对保险公司产生巨大影响。气候变化造成的灾难使过去 30 年来的保险损失增加了 5 倍。

2018—2019 年度，NGFS 监管工作组主要研究了 4 个议题，一是各国监管机构和金融机构开展环境风险分析的情况，二是各国开展环境和气候相关信息披露的情况，三是"绿色"和"棕色"资产违约率的差异情况，四是对央行与监管机构引导金融机构开展环境和气候风险分析的具体建议。

【新闻快照】

为什么连央行都开始关注气候变化了？

从世界各国领导人在 2015 年签署巴黎气候协议、致力于减少各自国家碳排放开始，人类对于气候变化的关注度不断上升。目前，连全球主要央行也开始关注气候变化，并对其给全球经济带来的风险发出警告。

2019 年 4 月 17 日，以关注气候为重点的 NGFS 发布了第一份关于气候相关金融风险的重要报告。同日，英国央行行长卡尼和法国央行行长维勒鲁瓦在英国央行网站联合发表了一封公开信，指出气候变化已经带来灾难性后果，国际金融机构需发挥关键作用。这封公开信由 NGFS 主席弗兰克·埃尔德森共同签署。

公开信中，两位央行行长谈到气候变化带来的灾难性影响已经在地球上有所显现，其产生的巨大的人力和财务成本正在破坏人类的集体福祉。例如，北美地区的热浪，东南部的台风，亚洲、非洲和澳大利亚的干旱，这些事件破坏了基础设施，损毁了私人建筑，对人类健康产生了负面影响，降低了人类生产力，也摧毁了人类财富。

公开信呼吁，决策者和金融部门应该从以下 4 个方面努力，为平稳过渡到低碳经济贡献力量。首先，央行和企业应该将与气候相关的金融风险监测纳入日常监管工作、金融稳定监控和董事会风险管理体系；其次，央行应以身作则，将可持续发展纳入自身投资组合管理；再次，弥合不同部门的数据差距，加强风险评估；最后，金融领域应开展更多合作，共享气候相关的金融风险知识。

两位央行行长指出，这些建议要取得成功取决于两个重要因素：一是国际一致的气候相关财务数据披露，二是建立恰当的气候相关金融风险分级体系，引导金融机构向低碳经济投资。

（摘自华尔街见闻，2019-04-19）

【思考讨论】

你认为 NGFS 是一个什么类型的组织机构？它对绿色金融发展有何意义？

25. 什么是 G20 可持续金融研究小组？

【快速回答】

G20 可持续金融研究小组的前身是中国于 2016 年担任 G20 主席国期间倡议发起的绿色金融研究小组。可持续金融研究小组仍然以绿色金融为核心议题，同时将考虑包括就业和收入分配等其他可持续发展要素。

【延伸阅读】

近年来 G20 可持续金融研究小组的研究议题如下：

G20 可持续金融研究小组（绿色金融小组）研究议题

时　　间	主要研究议题
2016 年	识别绿色金融发展面临的机制和市场障碍，根据各国经验，研究如何提高金融体系动员私人资本进行绿色投资的能力
2017 年	环境风险分析在金融业的应用；运用公共环境数据开展金融风险分析和支持决策
2018 年	可持续资产证券化、发展可持续私募股权和风险投资、运用金融科技发展可持续金融

【新闻快照】

G20 可持续金融研究小组第二次会议在悉尼举行

2018 年 6 月 6 日至 7 日，G20 可持续金融研究小组 2018 年第二次会议在澳大利亚悉尼举行。此次会议由中国人民银行和英格兰银行共同主持，来自 G20 成员、嘉宾国和国际组织的 80 余位代表参加了会议。会议讨论并原则通过了《2018 年 G20 可持续金融综合报告》的内容摘要。研究小组共同主席将根据会议讨论情况对《2018 年 G20 可持续金融综合报告》进行修改，并将其作为重要成果提交 7 月 G20 财长与央行行长会议和 11 月 G20 领导人峰会审议。

（摘自中国人民银行官网，2018-06-09）

可持续金融新倡议写入 G20 财长和央行行长会议公报

核心提示：今年 G20 可持续金融研究小组提出的三项新思路将引领国际绿色、可持续金融创新的大趋势。

2018 年 7 月 22 日，G20 财长和央行行长会议在阿根廷首都布宜诺斯艾利斯闭幕。G20 财长和央行行长们通过了会议公报，并就可持续金融有关内容达成以下重要共识："推动可持续金融发展对于实现全球增长至关重要。我们欢迎《2018 年 G20 可持续金融综合报告》，该报告提出了动员私人资本开展可持续投资的可选措施。"

（摘自搜狐网，2018-07-24）

26. 什么是中英绿色金融小组？

【快速回答】

根据中英经济财金对话成果的要求，绿金委与伦敦金融城发起并成立了中英绿色金融工作组。2017 年，该小组完成了《中英绿色金融工作组中期报告》，提出了共同推动绿色金融双边合作的许多建议，并在 9 月 4 日举行的首次中英绿色金融工作组会（由中央财经大学主办）上发布。2017 年底，中英两国政府在第九次经济财金对话成果中，要求绿金委和伦敦金融城继续就绿色资产证券化、"一带一路"投资绿色化、绿色资产的财务表现、金融机构环境信息披露试点等议题，开展深入研究与合作。2018年3月19日，绿金委和伦敦金融城在伦敦举办了中英绿色金融工作组第二次正式会议，就上述议题展开了深入讨论，提出了2018年的工作计划。

【延伸阅读】

第三次中英绿色金融工作组会议在伦敦举行

两国金融机构提出环境信息披露试点工作行动方案

中国工商银行和责任投资倡议组织作为中英金融机构环境信息披露试点工作牵头机构，在会上发布了《中英金融机构环境信息披露试点工作组行动方案》。其中，中方银行业试点机构拟通过"三步走"的方式，披露相关环境信息。

第一阶段：2018—2019年，部分试点银行披露2018年度绿色信贷（中国银保监会口径）对环境的影响。

第二阶段：2020年，对电力、水泥、电解铝行业（视数据获取程度）信贷结构调整的环境效益进行披露；对环境因素对信用风险的影响进行情景分析和压力测试，并进行相应披露。

第三阶段：2021年，鼓励试点银行根据自身业务特点，选择更多投融资行业进行环境影响情景分析和压力测试，并探索充实披露的内容，进一步扩大披露比例，完善环境风险分析方法。扩大参与环境信息披露工作的金融机构数量。

中国工商银行城市金融研究所副所长殷红表示，银行业金融机构有 6 个理由开展环境信息披露，包括满足监管要求、提高银行声誉、获取市场机会、履行社会责任、管控环境风险和推动绿色发展。

参与中英环境信息披露试点的金融机构共有 10 家，包括 6 家中方机构，即中国工商银行、兴业银行、江苏银行、湖州银行、易方达基金和华夏基金，以及 4 家英国机构，即汇丰银行、英杰华集团（Aviva）、Hermes 投资管理公司、Brunel 养老金管理公司。

继续推动绿色资产证券化和 ESG 投资

在中国，银行信贷占社会融资比例高达 80%，因此绿色资产证券化的发展空间非常广阔。中国银保监会公布的最新数字显示，截至 2018 年 7 月末，我国绿色信贷余额超过 9 万亿元。与会人员指出，我国资产证券化还面临不少挑战，如监管规定存在部门分割和不一致性，市场流动性不足，资本跨境流动面临障碍，以及境内外投资者信息不对称等。需要各方共同努力，推动相关制度改革，让境外投资者更多了解中国市场。双方同意，在当前研究成果的基础上，争取在 2019 年向海外市场推出中国绿色资产证券化产品。

经过近 2 年的研究，工作组发现中英两国上市公司 ESG 表现与公司绩效、债券违约率和财务表现均存在相关性，即 ESG 表现更好的上市企业，其公司绩效和财务表现更好，且债券违约率更低。尽管如此，ESG 投资仍面临一系列挑战，包括 ESG 定义缺失、信息不对称、投资成本较高和人才不足等。

未来研究议题和工作计划

中英绿色金融工作组拟将今年的四项成果提交第十次中英经济财金对话，并在 2019 年就以下五个领域继续开展深入合作。

（1）推动更多金融机构签署《"一带一路"绿色投资原则》，成立秘书处，开发支持"一带一路"绿色投资的工具和方法，开展能力建设。

（2）按已经公布的行动计划，继续推动中英金融机构环境信息披露试点工作，并适当扩大参与试点机构数量和类型。

（3）探讨中英发起合资绿色投资基金的可行性。

（4）争取推动中国资产证券化产品在海外市场落地。

（5）支持在北京绿色金融中心建立中英绿色科技孵化器。

附会议主要参会人员名单

中方：中国工商银行国际业务部牛芳洲、霍金路伟国际律师事务所王胜喆、中国银河证券首席经济学家刘锋、陆家嘴绿色金融专委会召集人孔伟、中央财经大学绿色金融国际研究院院长王遥、湖州银行党委副书记孙锦林、江苏银行公司部总经理周爱国。

英方：E3G 公司首席执行官 Nick Mabey、伦敦金融城亚洲事务顾问 Sherry Madera、世界经济论坛气候变化事务主管 Emily Farnworth、渣打银行可持续战略部负责人 Simon Connell、责任投资原则（PRI）政策与研究部副主任 Sagarika Chatterjee、英格兰银行高级顾问 Michael Sheren、富达国际（Fidelity）ESG 分析师 Justin Kew、天达资产管理公司（Investec）执行董事霍蓉蓉、Arup 公司国际部主任 James Kenny、Goalsfirst 资产管理公司经理

Alex Struc、Brunel 养老金管理公司非执行董事 Mike Clark，以及 TCFD 秘书处 Ani Kavookjian。

（摘自中国金融信息网，2018-12-04）

27. 什么是"一带一路"绿色投资原则？

【快速回答】

在中英绿色金融工作组会议上，由绿金委与伦敦金融城牵头起草的《"一带一路"绿色投资原则》正式发布，在现有责任投资倡议的基础上，将低碳和可持续发展议题纳入"一带一路"倡议，用来提升投资环境和社会风险管理水平，进而推动"一带一路"投资的绿色化。

【延伸阅读】

签署《"一带一路"绿色投资原则》机构名单

截至 2019 年 4 月 25 日，27 家机构签署了《"一带一路"绿色投资原则》，名单如下（以英文首字母排序）：

中国农业银行、中国农业发展银行、Al Hilal 银行、阿斯塔纳国际交易所、中国银行、东亚银行、中国建设银行、中国国家开发银行、中国对外承包商会、中国国际金融股份有限公司、法国东方汇理银行、新加坡星展银行、德意志银行、中国进出口银行、阿联酋阿布扎比第一银行、巴基斯坦哈比银行、香港证券交易所、中国工商银行、中国兴业银行、日本瑞穗银行、蒙古可汗银行、卢森堡证券交易所、法国外贸银行、丝路基金、英国渣打银行、蒙古贸易发展银行，以及瑞士联合银行。

参与起草该原则的机构还包括"一带一路"银行间常态化合作机制、绿色"一带一路"投资者联盟、国际金融公司、责任投资原则组织、保尔森基金会（Paulson Institute）和世界经济论坛（World Economic Forum）。

【政策解读】

《"一带一路"绿色投资原则》是一套鼓励投资企业自愿参加和签署的行为准则，从战略、运营和创新三个层面制定了七条原则性倡议，包括公司治理、战略制定、项目管理、对外沟通以及绿色金融工具运用等，供参与"一带一路"投资的全球金融机构和企业在自愿的基础上采纳和实施。

中国绿金委主任马骏指出，全球正面临严峻的环境和气候挑战，未来几十年，全球大部分基础设施投资将发生在"一带一路"区域，而这些基建项目将对环境和气候产生重大影响。该原则将确保"一带一路"的新投资项目兼具环境友好、气候适应和社会包容等属性，支持联合国可持续发展目标以及《巴黎协定》的落实。

世界经济论坛董事会成员、环境事务主管 Dominic Waughray 认为，"一带一路"倡议提供了一种新的可持续发展模式，通过基础设施、贸易往来和共享增长机会，将各国紧密联系起来。而制定和实施绿色投资原则，更将有效推动新建基础设施项目实现人类、生态和经济效益的多赢局面。

责任投资原则组织首席执行官 Fiona Reynolds 表示，"一带一路"倡议致力于通过基础设施建设将中国与古丝绸之路沿线国家联系起来，有可能产生大量绿色项目，而这需要通过绿色债券和绿色信贷动员国际投资者参与。"一带一路"绿色投资原则与责任投资原则相互补充，有利于投资者开展 ESG 投资。

28. 什么是《可持续金融行动计划》？

【快速回答】

《可持续金融行动计划》由欧洲银行管理局（EBA）发布，旨在传达 EBA 政策方向，为金融机构的未来实践与经济行为提供指引，以期支持欧盟的可持续金融发展稳步推进。

【延伸阅读】

2019 年 12 月 6 日，EBA 发布《可持续金融行动计划》（以下简称《行动计划》），概述了 EBA 将针对环境、社会责任和公司治理因素以及与之相关的风险所展开的任务内容与具体时间表，并重点介绍了有关可持续金融的关键政策信息。

2015 年，全球多国政府通过了《巴黎气候变化协定》和《联合国 2030 年可持续发展议程》，旨在探索世界经济可持续发展道路。2018 年 3 月，欧盟委员会发布了《为可持续增长融资的行动计划》，制定了欧盟可持续金融战略以及未来整个金融体系工作的路线图，EBA 按照该计划要求初步展开将 ESG 纳入欧盟信贷机构监管框架的思路规划。2018 年 6 月，欧盟委员会成立了可持续金融技术专家组（TEG），用以协助开发欧盟分类系统（可确定经济活动在环境方面可持续性）、欧盟绿色债券标准、欧盟气候基准及信息披露规范、企业气候相关信息披露指南等内容，EBA 为该组织成员。2018 年 12 月，EBA 加入了由中央银行和金融监管机构组成的绿色金融系统网络，主要通过增强金融服务机构绿色发展效能的作用，加快实现《巴黎协定》的全球性环保目标。经过这一系列的准备，《可持续金融行动计划》得以正式发布。

【政策解读】

EBA 关于可持续金融任务的概述

广义的可持续金融要求相关金融机构在满足直接或间接支持可持续发展目标框架的同时，能够实现稳健、可持续、平衡的经济增长。可持续金融同时要求金融机构在投资决策中，适当考虑环境和社会因素对长期可持续投资活动所产生的影响。"环境因素"是指气候变化风险，以及更广泛的环境和相关风险（例如自然灾害）；"社会因素"则涉及员工平等、包容性、劳资关系、人力资本与社区投资等问题。基于此，ESG 因素与金融市场的联系逐渐紧密，金融机构必须能够衡量并监控 ESG 风险，从而实现及时应对物理风险与转型风险的根本目的。

　　可持续金融任务主要指将环境、社会责任和公司治理标准整合到金融服务中，有效支持可持续经济的增长。同时，其任务旨在提升金融机构有关 ESG 风险的必要性认知水平，强调应重点关注 ESG 风险的长期性以及其估值和定价的不确定性。

【思考讨论】

你认为《可持续金融行动计划》的发布有何意义？

下　篇

绿色金融实践

第四章　绿色金融产品

29. 什么是绿色信贷？

【快速回答】

绿色信贷是指投向绿色项目、支持环境改善的贷款。绿色信贷常被称为可持续融资（Sustainable Finance）或环境融资（Environmental Finance）。

【延伸阅读】

2007 年以来，我国先后制定出台了一系列政策和文件，以鼓励和倡导金融机构积极开展绿色信贷。绿色信贷的体系框架由四部分组成：绿色信贷指引、绿色信贷统计制度、绿色信贷考核评价体系以及银行自身的绿色信贷政策。随着制度建设的完善，近几年，绿色信贷进入了全面发展阶段。2013 年 29 家银行签署了中国银行业绿色信贷共同承诺，2014 年银行业金融机构共同发起设立中国银行业协会绿色信贷业务专业委员会，2015 年 4 月成立中国金融学会绿色金融专业委员会。截至 2015 年末，我国绿色信贷余额达到 7.01 万亿元，比 2014 年末增长了 16.4%，2015 年末的绿色信贷余额占我国全部信贷余额的 10% 左右。

【政策解读】

2012 年，原银监会印发《绿色信贷指引》，提出银行业金融机构应当从战略高度推进绿色信贷，加大对绿色经济、低碳经济、循环经济的支持。

2013 年，原银监会印发《关于报送绿色信贷统计表的通知》，组织银行业金融机构和地方银监局开展绿色信贷统计工作。

根据绿色信贷统计制度，绿色信贷包括两部分：一是支持节能环保、新能源、新能源汽车等三大战略性新兴产业生产制造端的贷款；二是支持节能环保项目和服务（包含绿色农业开发项目，绿色林业开发项目，自然保护、生态修复及灾害防控项目等十二大项目类型）的贷款。

2015 年，原银监会与国家发展改革委联合印发《能效信贷指引》，鼓励和指导银行业金融机构积极开展能效信贷业务，防范能效信贷业务相关风险，支持产业结构调整和企业技术改造升级，促进节能减排，推动绿色发展。

2016 年 8 月，中国人民银行、财政部等七部委联合印发《关于构建绿色金融体系的指导意见》，提出支持和鼓励绿色投融资的一系列激励措施，包括通过再贷款、专业化担保机制、绿色信贷支持项目财政贴息、设立国家绿色发展基金等措施支持绿色金融发展。

30. 什么是绿色贷款贴息？

【快速回答】

绿色贷款贴息是指政府基于支持绿色项目发展的目的，对相关领域或项目的贷款利息在一定时期内按一定比例（部分或全部）给予补贴的政策。

【延伸阅读】

发展绿色贷款贴息，其优势在于可以撬动很多社会民间资金。

假设金融机构年贷款利率水平为 10%，某一项目需要资金 1 亿元，项目自身却只能承担 5% 的年利率，按照市场机制运作，项目无法获得商业性银行贷款资金。但是，如果采用财政贴息政策，由财政补贴 5% 的利息，银行因可以获得 10% 的年利率而愿意给项目贷款，项目也可以获得贷款而不会增加利息支出。财政仅仅支付了 500 万元贴息资金，就引导了 1 亿元的金融资本使用，杠杆效应高达 20 倍，有效地支持了项目建设。

没有大规模使用绿色贷款贴息的主要原因是管理难度较大。让财政部门直接去识别哪些是好的绿色项目，哪些是优质的绿色企业是件比较困难的事，这需要很多的专业知识和相关客户的积累。对此，国际上有一些比较好的经验，比如德国财政部委托德国复兴银行来管理绿色贷款贴息的资金，通过这家银行去寻找优质的绿色项目和企业，以此更有效率地运用这些贴息资金推动绿色信贷的发展。

【思考讨论】

你认为绿色贷款贴息是支持绿色金融发展的有效手段吗？为什么？

31. 为什么要建立绿色担保机制？

【快速回答】

国内外绿色金融发展实践证明，构建和完善绿色担保机制，在降低绿色企业融资成本，为绿色企业增信和银行风险分担，引导资源优化配置，撬动民间资金投入绿色产业，优化金融生态环境等方面发挥越来越重要的作用。

【延伸阅读】

绿色担保的成功案例

建立绿色担保机制的目的之一是解决绿色项目融资难、融资贵的问题。

绿色担保领域的经典案例是美国能源部对新能源项目启动的担保计划。由于很多新能源项目风险很大，美国能源部调研后发现，如果直接给这些项目提供贷款，市场预计贷款违约率会达到10%。因此，美国政府决定出资推动清洁能源担保项目，通过特批一笔资金，用于覆盖这些贷款可能出现的违约损失。在接受贷款的清洁能源项目完成后，实际贷款违约率远低于预期，只有2.2%。美国政府仅仅使用了一小笔财政资金，就撬动了大量信贷资金投入清洁能源产业，成功地帮助核能、风能、光伏等行业快速发展。

国内也有成功的实践，世界银行旗下的国际金融公司（IFC），在过去的七八年中推动了一个名为中国节能减排融资的项目。项目由 IFC 和兴业银行、浦发银行等共同建立绿色信贷担保机制，即由 IFC 对涉及能效和可再生能源的贷款进行担保，并承担一定比率的贷款违约损失。这个计划总共撬动了 8 亿美元的贷款，支持了 170 多个项目，且贷款损失率只有 0.3%，撬动的资本比率十分高。未来，我国也应该考虑成立专业性的绿色贷款担保机构，还可以考虑由包括省、市、县在内的多级政府出资建立绿色项目风险补偿基金，用于分担部分绿色项目的风险损失，并支持绿色担保机构的运作。

32. 什么是绿色债券？

【快速回答】

《中国证监会关于支持绿色债券发展的指导意见》中首次提出了对绿色债券的定义，绿色债券是指符合《中华人民共和国证券法》《中华人民共和国公司法》《公司债券发行与交易管理办法》及其他相关法律法规的规定，遵循证券交易所相关业务规则的要求，募集资金用于支持绿色产业项目的公司债券。

【延伸阅读】

2015 年 12 月 22 日，中国人民银行发布第 39 号公告，在银行间债券市场推出绿色金融债券，为金融机构通过债券市场筹集资金支持绿色产业项目创新了渠道。同日，中国金融学会绿色金融专业委员会发布了《绿色债券支持项目目录》，旨在为发行人提供绿色项目界定标准。

自 2016 年以来，我国绿色债券市场发展势头强劲，第一季度发行量达到 500 亿元左右，约占全球同期发行量的一半。中国证券业协会副会长孟宥慈指出，截至 2020 年 6 月末，我国 2020 年境内外累计发行绿色债券规模达 1173.91 亿元，绿色债券发行数量有所增加，市场参与主体更为丰富，品种创新更为多元。在下一步工作中，协会将继续发挥好组织和协调的作用，为绿色证券发展创造更好的便利，在绿色债券发展方面发挥行业自律作用。

【思考讨论】

绿色债券和普通债券的主要区别在哪里？

33. 为什么要建立绿色债券市场？

【快速回答】

建立绿色债券市场可以为绿色企业开辟新的融资渠道，解决银行和企业期限错配的问题，通过各种安排来降低绿色债券的融资成本。

【延伸阅读】

建立绿色债券市场至少有三个方面的益处。

一是为绿色企业开辟新的融资渠道。过去绿色融资渠道主要是绿色信贷，资本市场并未得到充分运用。"十三五"时期，绿色融资渠道将会在债券市场和股票市场得到充分拓展，其中利用债券市场为绿色项目融资的重要方式就是要建立绿色债券市场。

二是解决银行和企业期限错配的问题。银行有兴趣投放更多的中长期绿色信贷，但是由于期限错配的问题，银行的投放能力受限。如果建立了绿色债券市场，就能够缓解这方面的问题：银行可以直接发行 5 年、7 年甚至 10 年的绿色金融债来支持中长期的绿色信贷投放。企业也可以直接发中长期的绿色企业债来支持中长期的绿色项目。从这个意义上来讲，解决期限错配问题会明显提升绿色行业中长期项目融资的可获得性。

三是可以通过各种安排来降低绿色债券的融资成本。降低成本的办法有很多，比如发债时点掌握得比较好，融资成本就可能低于银行贷款利率。同时，也可以做政策层面的安排，比如说《生态文明体制改革总体方案》中提到的贴息和担保等手段，就可以降低绿色债券的融资成本。此外，要培育绿色债券的投资者。在欧洲的资本市场上有许多"绿色金主"，这类绿色投资者有很强的投资偏好，会拿出一部分资金用于绿色债券、绿色股票、绿色基金等绿色资产。这样的投资者多了以后，绿色债券的市场需求就会提高，融资成本则会降低。在中国，未来也要培育绿色债券的投资者，而银行不仅是潜在的绿色债券发行者，也要成为一个主要的投资方。

在项目的选择方面，绿色债券比较适合大中型、中长期、有稳定现金流的项目，比如说地铁、轻轨、污水处理、固废处理、新能源等等。这些项目的特点一是需要的资金量比较大，二是虽然回报率不是特别高，但拥有稳定的现金流。初步研究发现，在未来地方绿色投资中，这些项目可能会占到全部投资的 30% 以上，因此在我国发展绿色债券的市场潜力非常大。

2019年全球贴标绿色债券发行：前15名发行来源国

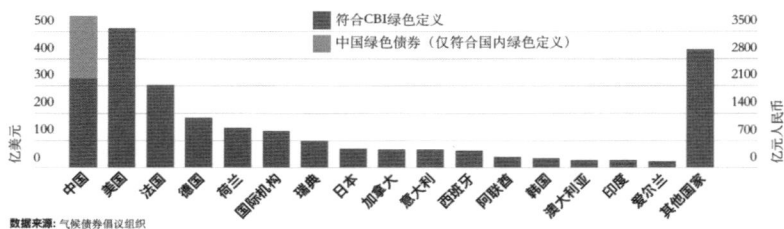

全球绿色债券发行规模

34. 国际上对于绿色债券的认定标准有哪些？

【快速回答】

国际绿色债券认定标准主要有两套：一是国际资本市场协会（International Capital Market Association，ICMA）于 2014 年 1 月 31 日发布的《绿色债券原则》（Green Bond Principles，GBP），

历经多次修订，目前适用的是 2018 年 6 月发布的最新版本；二是气候债券倡议组织（CBI）于 2011 年底发布的《气候债券标准》（Climate Bonds Standard，CBS），目前适用的是 2017 年年中实施的 CBS 2.1 版本。

【延伸阅读】

ICMA 成立于 1969 年，是一个源于欧洲、服务全球，为国际资本市场制定行业规范的自律组织，总部设在瑞士苏黎世，并在伦敦、巴黎、香港设有分支机构。其宗旨是维护国际资本市场的稳定与秩序，它被誉为全球金融界的"精英协会"。ICMA 是伴随国际资本市场一起成长的同业机构，其市场规范和行业准则已成为国际债券市场的支柱。

【政策解读】

ICMA 倡导的 GBP 标准

GBP 并未界定绿色债券具体是什么，而是规定任何将募集资金用于绿色项目（包括项目、资产或产业，下同）并具备其提出的四个核心要素（Core Components，又称四项原则）的债券都是绿色债券，为此总结了四种绿色债券结构，由此体现出一种开放的态度。

绿色债券的四项原则

原则一：募集资金用途。发行人应在募集说明书等法律文件中适当描述募集资金用途，确保所投资的绿色项目能够产生积极的环境效益，这种效益应可被评估并在可能的情况下被量化。

原则二：项目评估和筛选流程。发行人应披露募集资金所投项目符合适用绿色债券标准的依据及其具体决策过程。

原则三：募集资金管理。发行人应建立募集资金追溯管理制度，通过设立专门账户或以适当方式追溯募集资金的使用，并建立正式的内部流程验证相关资金被用于绿色项目的投资与运作。发行人可将闲置资金进行适当投资，但应向投资者披露。

原则四：报告和披露。发行人应至少一年一次对外披露募集资金使用情况，内容应包括募集资金投向的绿色项目清单、项目的简要描述、募集资金的支出总额以及项目的预期影响。

【思考讨论】

你认为绿色债券认定的关键因素是什么？

35. 什么是绿色产业基金？

【快速回答】

绿色产业基金是只专门针对节能减排战略、低碳经济发展、环境优化改造项目而建立的专项投资基金，旨在通过资本投入促进节能减排事业发展。

绿色产业基金所投项目一般具有以下特点：（1）具有节能环保特性；（2）具有较高的科技含量；（3）具有良好的回报前景。

【延伸阅读】

中国绿色金融主要局限在绿色信贷。但是很多绿色项目，尤其是新的绿色项目，首先需要的是股权融资，在取得资本金的基础上才能进一步做债务融资。所以要通过建立一些绿色股权基金来推动绿色项目的股权融资。很多绿色项目是比较新的，从技术上来讲，民间觉得风险比较大，也面临着政策上的不确定性。由于这些不确定性，民间资金不太愿意投入这些绿色项目。而政府背景的基金参与投资这些项目后，可以大大降低民间对于这类项目的风险嫌恶，使得民间资金愿意跟资。政府可以有多种方式来推动、组建绿色产业基金，比如以 GP、LP 的形式，有些可以搞成地区性的绿色基金，有些可以搞成行业性的绿色基金。未来，中国将设立各种绿色发展基金，支持环境改善和绿色产业的发展。

【政策解读】

在资本市场成熟的国家，绿色产业基金为绿色制造产业提供了长期稳定的融资渠道，避免融资压力过度集中在银行。我国绿色产业基金的发展比传统融资拥有更大的空间。《关于构建绿色金融体系的指导意见》首次提出中央财政整合现有节能环保等专项资金设立国家绿色产业基金，鼓励地方政府和社会资本共同发起区域性绿色产业基金。在政策的指引下许多地方政府相继设立了绿色产业基金。比如，浙江省湖州市已批准设立绿色产业基金 8 只，总规模达 235.21 亿元。

绿色产业基金更适用于以中小企业为主体的绿色制造产业。因为绿色产业基金无须抵押担保，资金来源充足，存续期一般在10年以上，能有效缓解项目净现金流前低后高的压力，为绿色制造产业发展提供有力支持，更适合扶持具有风险高、周期长、回报率较低的特点的绿色制造产业。而绿色信贷、绿色债券等传统融资方式对企业资本要求较高，资金来源单一，负债期限与项目周期存在严重的期限错配问题。

根据相关资料，绿色产业基金在我国各类绿色融资余额结构中仅占0.12%，可见，我国绿色产业基金的发展尚处于起步阶段，存在以下短板。

盈利模式尚未建立。在政府与市场型绿色产业基金中，政府财政在投资中起杠杆作用，试图引导更多民间资本投资初创期绿色企业。但目前我国绿色项目的各项机制都不完善，尚未形成有效的商业模式。调查显示，约八成以上的绿色产业基金的实际回报率在5%—7%，低于平均7%以上的商业贷款利率。这导致绿色制造项目过度依赖财政直接补贴，民间资本参与程度较低。

基金退出困难。一是国家层面的法律文件不完善。《中华人民共和国公司法》《中华人民共和国合伙企业法》《中华人民共和国企业破产法》等法律在绿色产业基金退出的具体操作层面上依然空白，且目前鲜有退出案例可供借鉴。二是退出的成本高。目前绿色产业基金主要通过扶持绿色企业上市后退出，但我国的主板和中小板进入门槛高，上市存在较高的风险。

缺乏配套政策支持。一是缺乏财政补贴、税收优惠。荷兰及韩国政府对绿色产业基金投资者均给予优惠政策。我国虽然有针对绿色信贷、绿色债券的补贴优惠政策，但唯独缺少针对绿色产业基金的配套扶持政策。二是治理架构有待完善。目前在人才、工商、税收、会计等配套政策方面，缺乏针对绿色产业基金业务特点的研究，尚未形成良好的政策环境。财政、环保、金融机构等利益相关方的职责也尚未明确。

【案例分析】

绿色产业基金的特点在于将该基金资产总值的 60% 以上投资于绿色环保领域。

2015 年 3 月 8 日，绿色丝绸之路股权投资基金在北京正式启动，基金首期募资 300 亿元。浙江省、广东省等地方政府也设立了地方产业基金，为节能环保企业提供融资。广东绿色产业投资基金于 2009 年设立，基金规模为 50 亿元，总规模达到 250 亿元，资金主要用于投入广东省绿色照明示范城市项目。

除此以外，已有一些上市公司宣布设立环保并购基金。截至 2015 年 10 月，基金管理机构设立的以环保为主题的基金有 32 只，其中指数型基金 15 只、主动管理型基金 17 只。2016 年 1 月 13 日，内蒙古自治区政府第 63 次常务会议研究通过了《内蒙古自治区环保基金设立方案》，标志着内蒙古环保基金正式设立。

【思考讨论】

你认为发展绿色产业基金的要点是什么？

36. 什么是绿色股票指数？

【快速回答】

绿色股票指数是指绿色企业占比较高的股票指数。投资绿色股票指数是国际上通行的推动机构投资者提高绿色投资比重的做法。

【延伸阅读】

目前资本市场大部分指数是"棕色"的，即包括了许多污染性上市公司的股票指数。投资者根据相应行业、板块在股票指数中所占的比重进行资金配置，在此过程中，一部分资金被动地进入污染性行业。未来，应开发更多的绿色指数，清洁、绿色行业在这些指数中所占的比重很高，污染性行业所占比重小甚至被剔除。在欧洲，ETF 指数产品中已经有 20% 是"绿色"的，而在中国这个比率只有 1%。所以，中国在发展绿色指数方面具有很大的潜力。

我国股票市场上的绿色环保指数主要分为三大类：可持续发展指数（ESG）、环保产业类指数和碳效率类指数。截至 2015年 10 月，中证指数公司编制的绿色环保类指数为 16 个，占其编制的 A 股市场指数总数（约 800 个）的 2%。2015 年 10 月 8 日，上海证券交易所和中证指数有限公司发布了上证 180 碳效率指数，这是我国首只考虑碳效率的指数，该指数用碳强度来界定企业的绿色程度，即碳强度越低，该上市公司的绿色程度就越高。

【案例分析】

沪深300绿色领先股票指数

"沪深300绿色领先股票指数"从上市公司定性指标、量化指标和负面环保行为三个部分来衡量上市公司的绿色水平。具体来看，第一部分是从企业的绿色发展战略及政策、绿色供应链的全生命周期来判断其绿色发展程度，第二部分是采用量化指标衡量污染排放、能源消耗、资源消耗和绿色收入，第三部分是上市公司负面行为，包括企业负面环境新闻和政府环保处罚。采用此方法，以沪深300指数上市公司为样本，选出全部绿色评分的前100名，形成"沪深300绿色领先股票指数"。

【思考讨论】

如果你在股市投资，你会特别留意绿色股票指数走势吗？

37. 什么是绿色保险？

【快速回答】

我国的绿色保险主要是指环境污染责任保险。环境污染责任保险是指以企业发生污染事故对第三者造成的损害依法应承担的赔偿责任为标的的保险。

【延伸阅读】

为什么要发展绿色保险?

2014 年 4 月修订实施的《中华人民共和国环境保护法》明确提出鼓励投保环境污染责任保险。2015 年 9 月,中共中央、国务院印发了《生态文明体制改革总体方案》,提出要在环境高风险领域建立环境污染强制责任保险制度。2015 年全国有 17 个省(区、市)的近 4000 家企业投保环境污染责任保险。2007—2015 年第三季度,全国已有近 30 个省(区、市)开展环境污染责任保险试点,投保环境污染责任险的企业累计超过 4.5 万家次,保险公司提供的风险保障金累计超过 1000 亿元。

在环境高风险领域建立强制性的绿色保险制度。2012 年我国发生了 500 多起突发环境事故,2013 年增加到 700 余起。很多环境事故的责任人是中小企业,发生事故以后企业倒闭了,因此,没有人支付环境修复的成本。这些事故的受害者一般是事故现场周围的居民,从而使环境事故演变成地方财政压力和财政风险。为了解决这个问题,必须建立绿色保险制度。在国外的绿色保险大部分是自愿投保的。这是因为国外环境方面的法律法规比较健全,环境执法力度也比较强,企业和股东为了避免未来可能发生的环境法律责任,自愿到保险公司购买环境责任险。但在国内,这种自愿性环境责任保险的推广不是很顺利。未来应该在环境高风险行业中,比如采矿、冶炼、皮革、危险品运输等行业建立强制性的绿色保险制度。这一点已经在《生态文明体制改革总体方案》中明确了，以后要通过立法将这个制度确立下来。

【政策解读】

明确在环境高风险领域建立强制责任保险制度

《关于构建绿色金融体系的指导意见》提出要"按程序制（修）订环境污染强制保险相关法律或行政法规""将企业环境违法违规信息等企业环境信息纳入金融信用信息基础数据库，建立企业环境信息的共享机制"。

2018年5月，时任生态环境部部长李干杰在京主持召开生态环境部部务会议，审议并原则通过《环境污染强制责任保险管理办法（草案）》。会议要求，立足"大环保"格局，建设好运用好环境污染强制责任保险这项制度，引进市场化专业力量，通过"评估定价"环境风险，实现外部成本内部化，提高环境风险监管、损害赔偿等工作成效。会同有关部门，做好配套机制建设，在强化"事前"预防、"事中"管控、"事后"处置等方面加快出台相应规范，进一步提升针对性和可操作性，确保有关措施落地见效。做好宣传解读工作，积极回应社会关切，为政策实施营造良好的社会舆论氛围。

（摘自《央行马骏详解〈关于构建绿色金融体系的指导意见〉》，搜狐网，2016-09-02）

38. 什么是绿色PPP？

【快速回答】

绿色 PPP 是指 PPP 模式在环境保护中的运用。其可以分为三个层次：第一，环保项目层次，如大型污水处理厂、垃圾焚烧发电厂的 PPP 模式；第二，环保产业层次，即在某一环保产业建立 PPP 环保产业基金，如 PPP 土壤修复基金；第三，区域或者流域环境保护层次，如 PPP 模式生态城建设基金、PPP 模式流域水环境保护基金等。

【延伸阅读】

PPP（Public-Private Partnership）模式，即政府和社会资本合作模式。

PPP 模式是公共基础设施中的一种项目运作模式。该模式鼓励私营企业、民营资本与政府进行合作，参与公共基础设施的建设。

政府公共部门在与私营部门合作的过程中，让非公共部门所掌握的资源参与提供公共产品和服务，从而实现合作各方达到比预期单独行动更为有利的结果。PPP 是以市场竞争的方式提供服务，主要集中在纯公共领域、准公共领域。PPP 不仅是一种融资手段，还是一次体制机制变革，涉及行政体制改革、财政体制改革、投融资体制改革。

关于 PPP 项目规模问题。2018 年 9 月 14 日，财政部公布的最新统计数据显示，截至 2018 年 7 月底，全国 PPP 综合信息平台项目库累计入库项目 7867 个，投资额 11.8 万亿元。其中，已签约落地项目 3812 个，投资额 6.1 万亿元；已开工项目 1762 个，投资额 2.5 万亿元。

绿色 PPP 项目有什么特征呢？首先是投资及回收资金的时间很长。一般的绿色 PPP 项目运营回报期在 10 年以上，最长的甚至有 30 年。这么久的长期贷款，那中国银行的钱从哪里来？它是从居民储蓄来的。

关于期限错配的问题。几乎 90% 以上的绿色项目都需要 10 年期以上的长期贷款，而银行没有那么多的长期资金，怎么办呢？金融机构就必须发行绿色金融债。在 2016 年绿色金融推行过程中，绿色金融债就发展得非常迅速，2017 年很多银行开始到国外发放绿色金融债。

【政策解读】

2014 年 12 月 2 日，国家发改委印发《关于开展政府和社会资本合作的指导意见》，鼓励和引导社会投资，增强公共产品供给能力，促进调结构、补短板、惠民生。

2015 年 3 月 17 日，国家发改委和国家开发银行联合发布《关于推进开发性金融支持政府和社会资本合作有关工作的通知》，灵活运用基金投资、银行贷款、发行债券等各类金融工具，推进建立多元化、可持续的 PPP 项目资金保障机制。

【思考讨论】

PPP 模式适用的领域主要有哪些?

39. 什么是碳金融?

【快速回答】

所谓碳金融,是指由《京都议定书》而兴起的低碳经济投融资活动,或称碳融资和碳物质的买卖,即服务于限制温室气体排放等技术和项目的直接投融资、碳权交易和银行贷款等金融活动。

【延伸阅读】

《联合国气候变化框架公约》是一个国际公约,于 1992 年5 月 9 日通过。

1992 年 6 月,在巴西里约热内卢召开的有世界各国政府首脑参加的联合国环境与发展会议期间开放签署。

1992 年 11 月 7 日,全国人大批准了《联合国气候变化框架公约》,并于 1993 年 1 月 5 日将批准书交存联合国秘书长处。

《联合国气候变化框架公约》自 1994 年 3 月 21 日起对中国生效。

《联合国气候变化框架公约》自 1994 年 3 月 21 日起适用于澳门,1999 年 12 月澳门回归后继续适用。

1995 年起,该公约缔约方每年召开缔约方会议(Conferences of the Parties,COP),以评估应对气候变化的进展。

1997 年，《京都议定书》达成，减排温室气体成为发达国家的法律义务。

《联合国气候变化框架公约》自 2003 年 5 月 5 日起适用于香港特区。

根据 2007 年通过的"巴厘路线图"的规定，2009 年在哥本哈根召开的缔约方第十五次会议上将诞生一份新的《哥本哈根议定书》，以取代 2012 年到期的《京都议定书》。

【政策解读】

"碳金融"的兴起源于国际气候政策的变化以及两个具有重大意义的国际公约——《联合国气候变化框架公约》和《京都议定书》。

《联合国气候变化框架公约》是指联合国大会于 1992 年 5 月 9 日通过的一项公约。地球峰会上有 150 多个国家以及欧洲经济共同体共同签署。1994 年 3 月 21 日，该公约生效。公约由序言及 26 条正文组成，具有法律约束力，终极目标是将大气温室气体浓度维持在一个稳定的水平，在该水平上人类活动对气候系统的危险干扰不会发生。根据"共同但有区别的责任"原则，公约对发达国家和发展中国家规定的义务以及履行义务的程序有所区别，要求发达国家作为温室气体的排放大户，采取具体措施限制温室气体的排放，并向发展中国家提供资金以支付他们履行公约义务所需的费用。而发展中国家只承担提供温室气体源与温室气体汇的国家清单的义务，制订并执行含有关于温室气体源与温室气体汇方面措施的方案，不承担有法律约束力的限控义务。该公约建立了一个向发展中国家提供资金和技术，使其能够履行公约义务的机制。截至2016年6月，加入该公约的缔约国共有197个。

【新闻快照】

当地时间2018年4月30日，《联合国气候变化框架公约》

《联合国气候变化框架公约》标识

框架下的新一轮气候谈判在德国波恩开幕。西班牙首相府2019年10月31日发表新闻公报说，在智利政府30日宣布放弃主办原定2019年12月举行的联合国气候变化大会后，西班牙愿意全力配合举办该会议，包括在马德里提供会场，以确保大会仍能如期召开。

第五章　绿色金融的中国实践

40. "中国绿色金融发展元年"是哪一年?

【快速回答】

2016 年是中国的绿色金融发展元年。这一年, 中国发布了《关于构建绿色金融体系的指导意见》, 成为全球最大的绿色债券市场, 并且各类绿色金融创新大量涌现。

【延伸阅读】

从 2015 年开始, 我国先后出台了一系列政策, 构建起相关的体制、机制, 为绿色金融快速发展奠定了良好的基础。

比如先后出台的《关于加快推进生态文明建设的意见》《生态文明体制改革总体方案》, 表明要将"绿色化"与新型工业化、城镇化、信息化、农业现代化并提, 形成"新五化"; 明确要建立中国绿色金融体系。

又如, 2015 年 4 月, 在中国人民银行绿色金融研究小组的基础上, 中国金融学会绿色金融专业委员会成立, 成员单位达 140家, 所管理的金融资产占中国全部金融资产的 65% 左右。

进入 2016 年, 以《中华人民共和国国民经济和社会发展第十三个五年（2016—2020年）规划纲要》《关于构建绿色金融体系的指导意见》为标志，绿色金融发展目标更加明确，内涵更加清晰，增长开始提速，创新不断涌现，正式步入中国绿色金融发展元年。

【思考讨论】

为什么我国要大力发展绿色金融？

41. 我国绿色信贷的规模有多大？

【快速回答】

截至2020年上半年，我国绿色信贷余额已经超过11万亿元，居世界第一。

【延伸阅读】

根据中国银行业协会2020年7月发布的《2019年中国银行业社会责任报告》，2019年，银行业金融机构助力深化金融供给侧结构性改革，进一步强化新兴产业、高新产业等领域的金融资源配置，在实现经济新旧动能转换、推动重点领域区域发展、强化国际金融交流合作等方面发挥了重要作用。截至2019年末，21家主要银行绿色信贷余额就达到10.6万亿元。

（资料来源：Wind数据库）

42. 国内对于绿色债券的认定标准有哪些？

【快速回答】

国内目前界定绿色项目的政策文件有两个，一是国家发改委的《绿色债券发行指引》，二是中国金融学会绿色金融专业委员会编制的《绿色债券支持项目目录》。

【延伸阅读】

根据国家发改委《绿色债券发行指引》第一条"适用范围和支持重点"的规定，现阶段支持重点为：

（一）节能减排技术改造项目。包括燃煤电厂超低排放和节能改造，以及余热暖民等余热余压利用、燃煤锅炉节能环保提升改造、电机系统能效提升、企业能效综合提升、绿色照明等。

（二）绿色城镇化项目。包括绿色建筑发展、建筑工业化、既有建筑节能改造、海绵城市建设、智慧城市建设、智能电网建设、新能源汽车充电设施建设等。

（三）能源清洁高效利用项目。包括煤炭、石油等能源的高效清洁化利用。

（四）新能源开发利用项目。包括水能、风能、核能、太阳能、生物质能、地热、浅层地温能、海洋能、空气能等开发利用。

（五）循环经济发展项目。包括产业园区循环化改造、废弃物资源化利用、农业循环经济、再制造产业等。

（六）水资源节约和非常规水资源开发利用项目。包括节水改造、海水（苦咸水）淡化、中水利用等。

（七）污染防治项目。包括污水垃圾等环境基础设施建设，大气、水、土壤等突出环境问题治理，危废、医废、工业尾矿等处理处置。

（八）生态农林业项目。包括发展有机农业、生态农业，以及特色经济林、林下经济、森林旅游等林产业。

（九）节能环保产业项目。包括节能环保重大装备、技术产业化，合同能源管理，节能环保产业基地（园区）建设等。

（十）低碳产业项目。包括国家重点推广的低碳技术及相关装备的产业化，低碳产品生产项目，低碳服务相关建设项目等。

（十一）生态文明先行示范实验项目。包括生态文明先行示范区的资源节约、循环经济发展、环境保护、生态建设等项目。

（十二）低碳发展试点示范项目。包括低碳省市试点、低碳城（镇）试点、低碳社区试点、低碳园区试点的低碳能源、低碳工业、低碳交通、低碳建筑等低碳基础设施建设及碳管理平台建设项目。

【政策解读】

在中国发行绿色债券要满足哪些条件？

根据银发〔2016〕228号文指示，各部门着手完善绿色债券的相关规章制度，统一绿色债券界定标准，研究完善各类绿色债券发行的相关业务指引、自律性规则，明确发行绿色债券筹集的资金专门（或主要）用于绿色项目，加强部门间协调，建立和完善我国统一的绿色债券界定标准，明确发行绿色债券的信息披露要求和监管安排等。支持符合条件的机构发行绿色债券和相关产品，提高核准（备案）效率。

根据《关于支持绿色债券发展的指导意见》（证监会公告〔2017〕6号文）等相关文件规定，绿色债券要想顺利发行，前期准备工作中就要明确募集资金是否仅用于支持绿色产业项目。同时《指导意见》进一步提出，绿色产业项目的界定主要参考中国金融学会绿色金融专业委员会编制的《绿色债券支持项目目录》要求，重点支持节能、污染防治、资源节约与循环利用、清洁交通、清洁能源、生态保护和适应气候变化等绿色产业。

【思考讨论】

国内外在绿色债券认定上有哪些异同？

43. 发行绿色债券有哪几个步骤？

【快速回答】

发行绿色债券有以下5个步骤：（1）确定合格的绿色项目和资产；（2）安排独立审查；（3）建立追踪和报告程序；（4）发行绿色债券；（5）定期报告。

【延伸阅读】

发行绿色债券各个步骤的要点如下。

（1）确定合格的绿色项目和资产。

绿色债券的关键属性在于其募集资金用于绿色项目或资产，而这与公司是否"绿色"无关——只关乎实物资产或项目。与再融资过程相似，绿色债券募集的资金可以用于现有资产，例如已在运营中的太阳能发电厂。太阳能公司可以发行绿色债券为现有资产再融资，并且使用这些资金来开发新的太阳能发电厂。所募资金也可以被分配到未来的资本投资中，只要资金在最长两年内被完全配置。

（2）安排独立审查。

决策者和气候友好型投资者都希望确保绿色投资是真正用于环保的。在国际上，大多数的绿色债券发行人使用独立审查来增加投资者的信心，使其相信绿色债券所支持的项目具有绿色资质。第一个经独立核查的绿色债券由世界银行于2008年发行。独立审查一般由拥有强大环境知识基础的组织机构提供——例如，清洁发展机制或者排放权交易机制核查机构。它们将会审查：拟发行绿色债券的投资类别的绿色资质，资金追踪和报告程序。审核机构还可以协助确定绿色资产。气候债券标准委员会现已有一套给发行者的简单的认证核实程序。在绿色债券的发行准备期使用现已公认的标准可以降低绿色资质独立审查的成本，提高绿色债券的交易性。对于在国际市场发行的人民币绿色债券，可以使用气候债券倡议组织认证的核查机构，包括法国船级社、挪威船级社、安永会计师事务所和毕马威会计师事务所。

（3）建立追踪和报告程序。

充分披露募集资金的分配情况（向投资者提供透明度）对于绿色债券非常必要。

重要规定：绿色债券所募集资金必须只用于专门的项目。所以应建立一套系统，能够隔离绿色债券的募集资金并对其追踪。之前的发行者会为绿色债券所募集的资金使用单独编码并且发明了专门的绿色债券配置代码以确保资金使用得当。应建立监控规程以确保在绿色债券的整个生命周期中，其所募集资金不会被故意投入非绿色投资（如温室气体密集项目）。资产或项目的名义价值必须等于或大于债券价值。发行者需要对其追踪并且需要能够说明如何追踪——透明度至关重要。绿色债券原则建议这些应被囊括在债券发行法律文件的募集资金使用部分。

（4）发行绿色债券。

和其他传统债券一样，一般步骤如下：自监管部门获取所需的发行许可。通过与投资银行或顾问合作确定债券结构。任何结构，无论公司私募债还是资产担保证券都可以。营销并对绿色债券定价。信用评级与其他债券一样。发行者应以通常的方式获得资信评级。

（5）定期报告。

要维持绿色债券的状态，发行者需要至少每年一次向投资者确认资金仍然被妥善分配给绿色项目。确认方式有：公司审计员的报告或者公司授权人员签署的报告。列出绿色债券的环境影响，强调绿色债券对投资者、股东和其他利益相关者主要特点的报告。对于年度报告的企业和其他发行人，可以整合绿色债券报告到其季度或年度财务报告中。报告应该对公众公开，如在发行人网站公示。在可能的情况下，报告还应该包括特定投资的环境影响报告，例如阻止进入大气或水的污染的总量，或者能源节约总量。

44. 国内首只 ESG 指数是什么？

【快速回答】

2017 年 12 月 5 日，商道融绿与财新传媒共同发布融绿–财新 ESG 美好 50 指数（SynTaoGF CaiXin ESG50 Index，SGCX ESG50），这令上市公司的良好社会责任与公司治理，不再停留于伦理层面的赞誉，而转化为可量化、可投资的评价指标。

【延伸阅读】

SGCX ESG50 以沪深 300 指数中的股票为样本空间，选取其中 ESG 绩效排名前 50 的股票作为指数样本，评估指标囊括公司在环境、社会、公司治理三个层面的表现。

作为国内第一只基于上市公司 ESG 绩效评分的指数，SGCX ESG50 选取 2017 年 12 月 29 日为基日，基点 1000 点。若回溯 SGCX ESG50 的业绩表现，自 2013 年 1 月 2 日以来，SGCX ESG50 累计上涨 77.45%，同期沪深 300 增长 60.76%；自 2016 年

1月4日以来，SGCX ESG50累积上涨24.37%，同期沪深300上涨8.71%。

目前，国际主流指数公司都推出了ESG指数及衍生投资产品。创立于1990年5月的多米尼指数（Domini 400 Social Index）是全球最早的ESG指数。随后，明晟、富时、标普道琼斯分别发布了MSCI ESG系列指数（全球/美国/新兴市场）、FTSE4Good系列指数、The Dow Jones可持续发展系列指数。

以ESG为主题的基金也是国际主流基金公司所发行产品的一部分，其中较为著名的有贝莱德（BlackRock）的MSCI US ESG ETF基金、领航（Vanguard）的FTSE Social基金等。

依照国际可持续投资联盟（GSIA）的趋势报告，在2016年初，全球在投资中纳入ESG因素的资产总量为22.89万亿美元，占全球资产总量的26%，与2012年相比，实现了68.3%的增长。其中欧洲、美国和加拿大占ESG资产总量的前三位，一共占到了全球的95.5%，分别为12.04万亿美元，8.72万亿美元和1.09万亿美元。

中国证券投资基金业协会秘书长陈春艳表示，ESG责任投资并不是慈善式的绿色优惠，而是一种规避风险、获得长期稳定回报的投资工具。协会的实证研究表明，在权益投资和债券组合中纳入ESG因素后，投资组合的长期业绩表现优于沪深股市同期指数。

45. 什么是绿色金融改革创新试验区？

【快速回答】

2017 年 6 月 14 日，国务院第 176 次常务会议审议通过了浙江省、广东省、新疆维吾尔自治区、贵州省、江西省等五省（区）绿色金融改革创新试验区总体方案，决定在五省（区）部分地方设立绿色金融改革创新试验区。

【延伸阅读】

试验区建立联席会议制度

自 2017 年 6 月国务院决定在全国五省（区）八地设立绿色金融改革创新试验区 (以下简称"试验区"）以来，我国绿色金融迈入"自上而下"的顶层设计和"自下而上"的区域探索相结合的发展新阶段。成立两年来，在中国人民银行指导组织下，试验区以金融创新推动绿色发展为主线做了大量有益探索。

我国绿色金融行业正快速发展，如果没有标准规范和有效约束，也可能酝酿很大的风险。因此，为了维护整个行业的有序快速发展和公平竞争，有必要成立绿色金融自律组织。在目前绿色金融行业标准有待建立、相关法律法规还不太健全，甚至存在相当多空白的时候，成立自律组织能够更加有利于绿色金融健康快速发展。

中国人民银行于 2018 年 2 月着手研究在绿色金融行业成立

自律组织，2018年7月12日，中国人民银行研究局召集"试验区"政府金融办和中国人民银行分支机构举行工作会议，部署启动试验区绿色金融行业自律机制建设。

"试验区"设立已满两年，随着绿色金融标准制度及规范逐步健全，为发挥中央和地方两个积极性，推动试验区绿色金融行业自律机制建设、加强试验区建设工作严肃性、重视经验总结和转化推广，在中国人民银行的指导组织下，由"试验区"绿色金融行业自律机制定期开展绿色金融改革创新自评价和经验总结推广工作。建立全国性绿色金融改革创新试验区联席会议、自评价和经验总结推广机制。

7月26日，绿色金融改革创新试验区第一次联席会在浙江湖州召开。中国人民银行研究局领导及市场处负责人，各试验区省市金融局、中国人民银行分支机构以及新区管委会、部分金融机构代表参加了会议。会上，通报了绿色金融改革创新试验区联席会议、自评价、经验复制推广工作机制，讨论了《绿色金融改革创新试验区自评价报告》和《绿色金融改革创新经验和复制推广方案》两个征求意见稿，交流了有关工作。

据悉，联席会议每季度召开一次，成员单位包括中国人民银行研究局，各试验区所在省（区）金融局、中国人民银行分支行，各试验区代表及绿色金融行业自律机制。自评价工作组和经验总结推广组由试验区及其所在省（区）代表轮流担任，中国人民银行研究局任指导单位。两个工作组汇总各试验区的总结材料，拟定《绿色金融改革创新试验区自评价报告（征求意见稿）》和《绿色金融改革创新经验和复制推广方案（征求意见稿）》。评价按照试点组织与保障、试点落实情况、试点效应和区域特色四大方面，分别以定性与定量方法划分不同评估权重，将对30余项具体指标进行专门评价。

中国人民银行相关负责人表示，全国发展绿色金融，需要智力支持、案例支持与政策支持。通过联席会议机制，可以充分发挥试点地区的主动性，总结出真正能上升为经验的案例，首先在五省（区）八地试验区进行先试。在未来的工作中，各个试验区要突出个性，增加对各个试验区专门的分析。此外，联席会议机制还可以进一步丰富，为试验区实际需求服务。

（摘自《绿色金融改革创新试验区两周年 创发展新高度》，中国金融信息网，2019-08-16）

【新闻快照】

2016年7月24日召开的国务院常务会议指出，按照党中央、国务院部署，近年来一些地方贯彻新发展理念，围绕普惠金融、绿色金融、科技金融和金融更高水平开放等开展改革试点，取得积极进展。

不过，在发展过程中，绿色金融在标准制定、环境风险披露问题，特别是非绿企业、非绿项目不披露，金融机构、中介机构的培育，国际合作等方面还存在一定挑战。

专家指出，此次国务院常务会议聚焦区域金融，从顶层设计的高度明确提出三项要求，对于引导和规范区域金融发展具有重要意义，将推动区域金融迎来新发展。绿色金融改革创新是近年来我国金融改革的一个重要标杆，也是区域发展模式的一种全新探索。因此，国务院常务会议也为试验区绿色金融改革明确了方向。

第一，区域金融改革创新要服从服务于宏观政策的大局。绿色金融改革创新要坚持金融服务实体经济的根本要求，统筹运用多种工具，推动实际利率有效下降，支持中小银行发展，降低企业特别是小微、民营企业融资成本。

第二，适应经济社会发展和区域协调发展需要，以金融支持国家重大区域发展战略、"三农"、科技创新以及扩大金融对外开放等为重点，围绕供给侧结构性改革，区域金融改革要培养金融机构和中介机构开发适应产业发展需要的金融服务，助推产业转型升级。同时积极对接国际市场和国际组织。

第三，要建立动态调整的区域金融改革工作机制。加强对试点的跟踪评价和第三方评估，对没有实效或严重偏离改革目标的要及时纠正或叫停，不能只要"帽子"不干事；对达到预期目标、成效明显的要鼓励开展新的改革探索，并将已形成的可复制经验加快向更大范围推广，使绿色金融改革开放创新举措更好发挥促发展、惠民生、防风险的实效。

【案例分析】

试验区内首家银行采纳赤道原则

2019 年 7 月 24 日，湖州银行正式宣布采纳赤道原则，成为我国境内第三家赤道银行。作为"试验区"内的地方法人银行，湖州银行牢牢把握湖州国家绿色金融改革创新试验区建设的战略机遇，在组织保障上从上到下设立董事会绿色金融委员会、领导小组、绿色金融部、绿色支行，形成了较完善的绿色金融组织体系。同时紧紧围绕地方产业特色开发的"园区贷"等绿色信贷产品获各方好评，并成功发行绿色金融债 10 亿元，发放地方版绿色科企"投贷联动"6.8 亿元。此外，环境信息披露试点、联合国可持续银行 IT 系统试点等重点项目均取得实质进展。

世界银行集团国际金融公司专家表示，湖州银行"园区贷"等绿色信贷产品有效促进了当地产业转型升级，将标准化、专业化的信贷审批流程前置，同时也丰富了赤道原则在中小银行的实践。而湖州在绿色金融改革创新中的实践，也成为"试验区"建设的缩影。

由中国标准化研究院、中国人民银行湖州市中心支行、湖州市人民政府金融工作办公室、中国银保监会湖州监管分局联合编制的我国首个区域性绿色金融发展指数显示，2017 年 6 月被列为首批国家绿色金融改革创新试验区的湖州市，通过近两年的探索实践，2018 年绿色金融发展指数值达 151，较 2017 年提高了

36，显示出湖州绿色金融发展基础日渐扎实，政策体系建设逐步完善，市场活力正在充分激活并释放，绿色金融对生态文明建设的贡献不断提高。

自获批"试验区"以来，湖州累计出台"绿色金改"25条政策及配套操作办法，并在全国率先制定了绿色金融标准建设实施方案，积极推动绿色金融认定、评价、产品标准化，已发布绿色融资主体认定、绿色银行评级、绿色专营机构评估、绿色信贷产品分类等6项地方标准。湖州市积极推动绿色金融认定、评价、产品标准化，有效解决了绿色认定难、绩效评估难、政策落地难等问题。

在服务平台建设上，湖州在全国首创"绿贷通"银企对接服务平台，破解企业"融资难、融资贵"问题，全市金融机构通过"绿贷通"平台可直接共享环保、节能等绿色信息，对企业进行绿色认定和环境风险审查。同时，为破解绿色融资主体认定标准落地难、绿色金融信息共享难等问题，湖州市探索金融科技与绿色金融结合，搭建了"绿信通"平台，实现绿色认定精准化、绿色认定自动化和绿色认定可视化。

由中国人民银行湖州市中心支行牵头建设的绿色金融信息管理系统，则连接中国人民银行与金融机构，集绿色贷款统计分析、绿色信贷流程监管、绿色金融政策实施效应评估于一体，可以实现绿色信贷数据实时逐笔登记采集、绿色信贷统计方法精准拉平、节能减排指标精确测算、绿色信贷业绩自动评价、监管信息实时共享等功能，打造数据可溯源、可比较、可计量的绿色信贷管理和信息查询平台。

（摘自《绿色金融改革创新试验区两周年 创发展新高度》，中国金融信息网，2019-08-16）

【思考讨论】

你认为应如何推进绿色金融改革创新？

46. 我国发展绿色金融有哪些成功经验？

【快速回答】

我国发展绿色金融的成功经验主要体现在顶层设计、创新引领、区域探索、国际合作等方面。

【延伸阅读】

顶层设计：构建完善绿色金融政策框架

构建和完善绿色金融体系、创造良好的政策和制度环境是实现绿色金融快速、健康发展的前提。近年来，中国金融改革通过自上而下的顶层设计，不断完善绿色金融政策框架，使得中国成为全球首个建立了系统性绿色金融政策框架的国家。

在制度建设方面，2016年8月，中国人民银行联合财政部、国家发展和改革委员会、环境保护部、中国银行业监督管理委员会、中国证券监督管理委员会、中国保险监督管理委员会等七部委共同出台了《关于构建绿色金融体系的指导意见》，从环境信息披露要求、政策激励、法制建设、产品创新、推动地方绿色金融发展、对外投资绿色化等角度提出了 35 条具体措施，涉及绿色信贷、绿色债券、绿色保险、绿色基金、碳金融等各种金融产品，并提出了解决绿色项目回报率不足的一些办法。

在激励政策方面，支持绿色金融发展的财政、货币和监管政策也不断出台。例如，中国人民银行将符合条件的绿色信贷和绿色债券，纳入货币政策操作的合格抵（质）押品范围；将银行业存款类金融机构的绿色信贷和绿色债券业绩，纳入宏观审慎评估体系（MPA），提升金融机构拓展绿色金融业务的内在动力。

此外，地方政府也在积极制定支持绿色金融发展的政策措施，比如浙江省湖州市和江苏省先后出台激励措施，向绿色信贷和绿色债券提供财政贴息。

创新引领：不断创新绿色金融产品

全球绿色债券市场最早始于 2007 年，欧洲投资银行（EIB）发行了世界范围内首只"气候意识债券"（Climate Awareness Bond）。中国虽是一个"后来者"，但在 2016 年绿色债券市场建立的第一年就占据全球市场份额的 40%，不仅实现了从无到有的突破，更是成为全球最大的绿色债券市场。

随着债券市场不断发展，市场参与主体更加多元化，绿色债券发行规模不断创下新纪录。截至 2019 年上半年，我国金融机构和企业在境内外共发行绿色债券（含资产证券化产品）超过9000 亿元，并探索了一系列的创新产品，例如融资租赁绿色债券以及准主权浮息欧元绿色债券等。

在绿色信贷领域，国内 21 家主要银行机构从 2013—2018 年末，投向绿色交通运输和可再生能源以及清洁能源项目的绿色信贷余额，从 5.2 万亿元增长至逾 10 万亿元。此外，其他创新型绿色金融产品也在不断涌现，包括绿色保险、绿色基金、绿色股票、绿色 ETF 等等，为推动绿色资本市场健康发展，满足不同类型投资者的需求，发挥了重要作用。

先行先试：建立绿色金融改革创新试验区

2017 年 6 月，国务院批准同意，浙江省湖州市、衢州市，江西省赣江新区，贵州省贵安新区，广东省广州市，新疆维吾尔自治区哈密市、昌吉州和克拉玛依市等五省（区）八地建设绿色金融改革创新试验区总体方案。通过建设绿色金融改革创新试验区，探索具有区域特色的绿色金融发展模式，以绿色金融服务支持地方经济的绿色转型。

两年来，试验区积累了绿色金融改革创新的一系列成功经验，包括建立绿色金融地方标准和项目库、成立绿色金融行业自律机制、建设一体化信息管理平台、创新绿色金融产品、发行绿色市政专项债券等在内的经验做法，已成为绿色金融"中国经验"的一张名片。

国际视野：积极投身绿色金融领域国际合作

除了在国内推动建设绿色金融体系之外，近年来中国还积极参与绿色金融领域的国际合作。2016 年，中国在担任 G20 主席国期间发起设立绿色金融研究小组，由中国人民银行与英格兰央行担任共同主席，并连续三年将相关研究成果写入 G20 领导人峰会成果文件。

2017 年底，包括法国、中国、英国、德国等在内的 8 个国家的央行和金融监管机构共同发起成立了"央行与监管机构绿色金融合作网络"（NGFS），共同探讨环境和气候因素对金融体系和金融稳定的影响。目前，NGFS 已经发展为覆盖 40 多个国家和地区的绿色金融国际合作平台。

2018 年 11 月，中国金融学会绿色金融专业委员会和伦敦金融城联合相关机构共同发起了《"一带一路"绿色投资原则》，目前已有来自全球的 31 家机构签署该原则并承诺将在"一带一路"相关投融资活动中充分考虑环境因素。

近年来，我国通过完善政策框架、创新绿色金融产品、推动绿色金融改革创新，以及积极投身国际合作等措施，初步建成了全球第一个比较完整的绿色金融政策框架和市场体系，建立了全球最大的绿色金融市场，并在国际上实现了从追赶到引领的重大转变。这一方面表明中国加快了绿色与可持续发展的步伐，另一方面也彰显了中国在应对环境问题和气候变化领域的大国担当。

（摘自《马骏：中国引领全球绿色金融发展的四大经验》，新浪网，2019-12-05）

【案例分析】

绿色金融改革创新经验总结推广情况

《2019 年绿色金融改革创新经验和复制推广方案（征求意见稿）》共收录各试验区报送的案例 61 个，其中绿色金融产品创新类案例 41 个，绿色金融体制创新类案例 20 个。衢州市金融办副主任徐飞代表经验总结推广工作组，向试验区代表汇报了绿色金融改革创新案例的收集整理情况、主要特色及改进推广建议。

试验区代表就部分案例进行了现场发言。广州着重介绍了碳排放权抵质押融资标准体系建设、林业碳汇生态补偿机制方面的探索及成功案例，并通过搭建广州市绿色金融改革创新试验区融资对接系统、成立大湾区绿色金融合作联盟，推动银企合作，促进绿色金融发展。湖州重点介绍了区域绿色金融发展指数、绿色企业和项目认定、绿色银行和绿色金融专营机构评价、美丽乡村建设绿色贷款实施规范等绿色金融标准搭建经验。衢州分享了传统化工企业绿色化转型、"一村万树"绿色期权、"保险联动、财政扶持""个体碳账户"体系等绿色金融创新案例。赣江新区围绕金融支持垃圾分类，针对垃圾分类前端的源头治理和后端的收集转运和分类处置，设置专项激励机制，推出了拉手理财和绿色家园贷两项专项金融产品。贵安新区介绍了分布式能源的创新案例，以绿色资产证券化为工具，在降低金融成本的同时降低风险，精确对准环境目标，形成绿色产业、绿色经济新的增长点。昌吉州从重点行业、示范项目、支持政策和金融产品、组织体系等方面做了有益的探索，不断夯实绿色项目库建设，推动绿色金融和绿色产业融合发展。克拉玛依市结合资源型城市转型发展实际，创新推出"石油工业废弃物无害化处理产业链"金融服务，通过搭建政银企信息平台，推动绿色项目库融资授信率达到 60%以上。哈密市实现了辖区 14 家银行业金融机构绿色支行、绿色事业部和绿色柜台全覆盖，指导中国农业银行成功为国网能源哈密公司办理首笔内保内贷业务。

会议还展示了绿色金融改革创新成果可视化系统。可视化系统由中国人民银行研究局指导开发，是国内首个全面跟踪、监测各试验区自设立以来绿色金融改革创新试点成果的系统，分五个主题（共六个大屏）组织与展示绿色金融的重点成果定量指标，支持按时间维度分别展示全部试验区的整体情况及各试验区的具体情况。目前，该系统的开发工作已基本完成。

【思考讨论】
你认为我国绿色金融发展取得显著成绩的主要原因是什么？

第六章　绿色金融发展前沿

47. 什么是环境风险评价？

【快速回答】

环境风险评价（Environmental Risk Assessment，ERA）是针对建设项目在建设和运行期间发生的可预测突发性事件或事故（一般不包括人为破坏及自然灾害）引起有毒有害、易燃易爆等物质泄漏，或突发事件产生的新的有毒有害物质，所造成的对人身安全与环境的影响和损害所进行的风险评估，提出合理可行的防范、应急与减缓措施，以使建设项目事故率、损失和环境影响达到可接受水平。

【延伸阅读】

金融机构在评估环境风险时可同时考虑两个因素：（1）理解并识别会导致金融风险的环境因素；（2）将这些环境因素转换为数量和质量信息，以更好理解环境风险对于投资可能带来的潜在影响，并对投资决策提供帮助。

适当的风险分析工具和相关指标的选择可能取决于多种因素，包括：一是金融风险类别（比如市场、信用和经营风险）；

二是金融机构面临的环境风险来源（比如物理风险或转型风险）；三是直接或间接风险的敞口规模；四是国别或部门特有的环境要素。

鼓励自愿开展环境风险分析的可选措施包括：确保政策信号的连续性；提高金融机构（尤其是面临较大环境风险的机构）对环境风险分析重要性的认识；改善环境数据的质量和可用性；鼓励公共机构结合国情评估环境风险及其财务影响；评估并适当明确金融机构在应对环境问题方面的责任；增强金融业环境风险分析的能力建设。

【思考讨论】

你认为环境风险评价的要点是什么？

48. 什么是金融业环境压力测试？

【快速回答】

金融业环境压力测试是指银行和其他金融机构对环境高风险领域的贷款和资产风险敞口进行评估，提升机构投资者对所投资资产涉及的环境风险和碳排放的分析能力，就环境和气候因素对机构投资者的影响开展压力测试。

【延伸阅读】

环境风险可以定义为组织活动产生的废水、排放、废物、资源枯竭等对活生物体和环境造成的实际或潜在威胁，具体包括自然风险（突发事件和慢性污染）和环境相关风险（如政策/法规、技术、市场、声誉等）。气候风险则更关注于气候变化引起的风险，具体可以归纳为六大领域的风险类型，分别为：（1）洪水和海岸变化对社区、企业和基础设施的风险；（2）高温对健康、福祉和生产力的风险；（3）公共供水短缺及其对农业、能源生产和工业的风险；（4）对自然资本的风险，包括陆地、沿海、海洋和淡水生态系统、土壤和生物多样性；（5）对国内外食品生产和贸易的风险；（6）新兴害虫和疾病、外来物种入侵影响人类、植物和动物。这六大领域也基本上涵盖了气候风险所涵盖的主要范畴。

关于压力测试的定义，由于存在不同的业务范畴和特点，国内外不同机构对其有不同的表述。国际证券监督机构组织规定，压力测试是假设市场在极端不利的情形下（如利率急升或股市重挫），分析对资产组合的影响效果，即测试该资产组合在这些关键市场变量突变的压力下的表现状况，看是否经受得起这种市场的突变。国际货币基金组织的定义表述又有所不同，其规定压力测试是指利用一系列方法来评估金融体系承受罕见但是仍然可能发生的宏观经济冲击或者重大事件的过程。

国内对压力测试的定义也不尽相同。针对基金业具体有以下规定：中国证券投资基金业协会发布的《公募基金管理公司压力测试指引（试行）》中指出，压力测试是指通过测算公开募集证券投资基金在极端不利情况下的净值变动或流动性变化情况等，分析、评估和判断这些变化对公募基金和基金公司的负面影响的过程。

【政策解读】

2016 年《G20 绿色金融综合报告》中指出，环境风险分析工具和能力缺失，是绿色金融发展的一大障碍，需要各方开发和推广环境风险分析工具并在金融业加以应用。2016 年 8 月 31 日，中国人民银行等七部委联合印发《关于构建绿色金融体系的指导意见》，其中的第十条和第十八条对金融机构开展环境风险压力测试做出了明确的规定。

2019 年 3 月 18 日，中国证券投资基金业协会发布通知，要求基金公司根据 2018 年 11 月 10 日发布的《绿色投资指引（试行）》的要求，开展年度绿色投资自评估，其中第十三条为"是否对所投资产进行环境风险压力测试"。本文将重点介绍中央财经大学绿色金融国际研究院（IIGF）针对基金公司提出的环境压力测试方法学。

【案例分析】

中国工商银行已经率先通过压力测试，开始探索环境风险对银行造成的风险。目前高污染行业所面临的环境风险还没有全部转化为信用风险，但随着环境执法监管力度的提高，原本逃避缴费的企业就必须对其污染物排放付费，从而使企业的生产成本上升。假设几年后中国开征碳排放税，那么排放二氧化碳的企业成本会进一步上升。对银行来说，这些企业的不良贷款率也会相应上升。在此情况下，中国工商银行对火电、水泥、钢铁、化工等高污染行业做了环境风险对银行不良贷款率影响的分析，并通过压力测试估算出未来不良贷款率，测算出环境风险和未来信用风险之间的定量关系，从而使银行能够重新审视自己的资产配置，激励其在减少对污染行业的贷款的同时，加大对绿色行业的资金投入。

【思考讨论】

你认为现阶段金融机构是否有必要进行环境压力测试？

49. 目前有哪些绿色投资的新领域？

【快速回答】

近期比较有潜力的绿色投资的新领域包括垂直农场、人造肉、氢能汽车、绿色建筑、塑料循环使用等。

【延伸阅读】

垂直农场。采用封闭式大棚来进行高效农业生产，解决生态有机农业成本过高的问题。大棚里用的空气和水都达到高的清洁标准，不用土壤，而是用营养液栽培，可以确保种出来的农产品真正达到有机标准。但怎样保证成本下降？首先，种植是多层的，可以做到10层以上，也就是说，单位面积的产量是传统农业的十倍以上；同时，因为是封闭环境，可以保持温度恒定，比如用光伏发电让整个农场恒定在最适合农产品生长的温度上，一年可以多季生产，这样同一面积上的产量又会提高好几倍。因此，在欧洲、新加坡和美国已经建成的垂直农场中，已经实现单位面积产量比传统农业高 25 倍，未来可能会更高。所以说，完全有可能建成既生产有机农产品，又是低成本的、比传统农业更加便宜的未来新型农业工厂。

氢能汽车。氢能本身是储能技术，也是清洁能源。氢燃烧以后产生水，完全没有碳排放，也不会污染空气，未来很可能成为替代传统能源的非常重要的一种新能源。日本投入多年试验氢能汽车，据说在不久的将来，日本氢能汽车成本将与普通汽车持平。有专家预测，2025 年北京的路面上就可能会有 10 万辆氢能汽车。

绿色建筑。有的绿色建筑靠设计、材料、设备和植被等，可以做到完全不使用空调。绿色建筑可以在很大程度上缓解碳排放，因为建筑物是全球 40% 的能耗和碳排放的来源。未来十年，预计中国绝大部分新建筑都必须是节能、节水的绿色建筑。国外一个案例中的节水建筑可以节约 80% 的用水，很多水都可以循环利用。未来，不仅建筑本身需要绿色化，还会带来一系列相关产业的变化，比如建筑设计师需要具备设计绿色建筑的能力，建筑过程将转变为装配式，建材必须是环保的，建筑垃圾需要循环使用，建筑物内使用的冰箱、空调等必须是节能的，建筑物用的电应该是清洁的，与建筑物相关的金融服务也需要绿色化，即要开发绿色按揭贷款和绿色建筑保险等金融产品。

塑料循环使用。除困扰着人类的三大污染——空气污染、水污染和土壤污染外，第四大污染就是塑料污染。在欧洲、新加坡和美国的塑料循环领域已经出现很多科技创新。例如，把废旧塑料压制成各种各样的新塑料制品，未来绝大部分塑料制品有望通过循环使用来制造，可以解决由塑料引起的第四大污染。

【政策解读】

比尔·盖茨谈投资人造肉目的：不仅健康，还能减少碳排放

最近一段时间，"人造肉"频频登上媒体头条，国内外都兴起了试吃"人造肉"的风潮。微软创始人比尔·盖茨是投资人造肉研发的先驱，日前在采访中他谈到了研发人造肉的动机，认为它不仅仅关乎健康，而且有助于减少碳排放。

比尔·盖茨日前接受了美国媒体采访，谈到了他对人造肉的看法。比尔·盖茨表示，人造肉的产生让他比5年前更加乐观，这种人造肉胆固醇更少，不仅更加健康，而且可以大幅减少碳排放。

为什么能减少碳排放？原因就在于现在的牛肉生产行业中，碳排放是个大问题，全球现在有至少15亿头牛，每头牛一天打嗝、放屁能够释放出160—320升的甲烷，是全球第三大碳排放来源，占比达到了6%。

虽然听上去不可思议，但牛的碳排放在欧美社会真的是个重要问题。

（摘自快科技网，2019-10-18）

【案例分析】

人造肉分为两种，其中一种人造肉又称大豆蛋白肉，主要靠大豆蛋白制成，因为其富含大量的蛋白质和少量的脂肪，所以是一种健康的食品。另一种是利用动物干细胞制造出的人造肉。

大豆蛋白肉实际是一种对肉类形、色、味进行模仿的豆制品。还有一种人造肉是利用动物干细胞制造出的，研究人员用糖、氨基酸、油脂、矿物质和多种营养物质"喂养"干细胞，让它不断"长大"。

2011 年 11 月，荷兰马斯特里赫特大学生物学教授马克·波斯特说，全球第一个人造肉饼有望于 2012 年 8 月或 9 月问世。研究人员说，人造肉有助人类在解决饥饿问题的同时保护水源、土地和能源。

波斯特表示，这个肉饼只为证明"人造肉"这一概念，不意味着大规模生产人造肉条件成熟，因为首个人造肉饼的造价高达25 万欧元（约合 34.5 万美元）。

当前，波斯特已经造出多条"肉条"，每条长约 2.5 厘米，宽不到 1 厘米，薄得近乎透明。他说，把大约 3000 条这样的肉条堆在一起，就可以制作出全球第一个人造肉饼。

波斯特希望有一天，研究人员能让人造肉变得更健康，比如添加更多不饱和脂肪以及各种营养素。"我的想法是，既然我们能在实验室中制造出肉，就能让它有多种变化，最终变成更健康的肉。"他说。

【思考讨论】

你认为还有哪些绿色领域有较大潜力？

50. 什么是海绵城市？

【快速回答】

海绵城市是新一代城市雨洪管理概念，指城市能够像海绵一样，在适应环境变化和应对雨水带来的自然灾害等方面具有良好的弹性，也可称之为"水弹性城市"。

【延伸阅读】

海绵城市建设的国际通用术语为"低影响开发雨水系统构建"，海绵城市能像海绵一样，下雨时吸水、蓄水、渗水、净水，需要时将蓄存的水释放并加以利用，实现雨水在城市中的自由迁移。而从生态系统服务出发，通过跨尺度构建水生态基础设施，并结合多类具体技术建设水生态基础设施，是海绵城市的核心。

在 2017 年 3 月 5 日的中华人民共和国第十二届全国人民代表大会第五次会议上，李克强总理在政府工作报告中提道：统筹城市地上地下建设，加强城市地质调查，再开工建设城市地下综合管廊 2000 千米以上，启动消除城区重点易涝区段三年行动，推进海绵城市建设，有效治理交通拥堵等"城市病"，使城市既有"面子"，更有"里子"。

在新形势下，海绵城市是推动绿色建筑建设、低碳城市发展、智慧城市形成的创新表现，是新时代特色背景下现代绿色新技术与社会、环境、人文等多种因素的有机结合。"海绵城市"材料实质性应用，表现出优秀的渗水、抗压、耐磨、防滑以及环保美观多彩、舒适易维护和吸音减噪等特点，成了"会呼吸"的城镇景观路面，也有效缓解了城市热岛效应，让城市路面不再发热。

【政策解读】

国务院办公厅 2015 年 10 月印发《关于推进海绵城市建设的指导意见》，部署推进海绵城市建设工作。

《关于推进海绵城市建设的指导意见》指出，建设海绵城市，统筹发挥自然生态功能和人工干预功能，有效控制雨水径流，实现自然积存、自然渗透、自然净化的城市发展方式，有利于修复城市水生态、涵养水资源，增强城市防涝能力，扩大公共产品有效投资，提高新型城镇化质量，促进人与自然和谐发展。

《关于推进海绵城市建设的指导意见》明确，通过海绵城市建设，最大限度地减少城市开发建设对生态环境的影响，将 70% 的降雨就地消纳和利用。到 2020 年，城市建成区 20% 以上的面积达到目标要求；到 2030 年，城市建成区 80% 以上的面积达到目标要求。

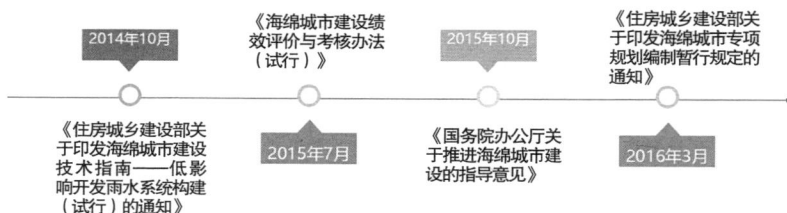

海绵城市建设相关政策发布时间线

【思考讨论】

生活在海绵城市有什么优势？

附　录

附录1　关于构建绿色金融体系的指导意见

目前，我国正处于经济结构调整和发展方式转变的关键时期，对支持绿色产业和经济、社会可持续发展的绿色金融的需求不断扩大。为全面贯彻《中共中央 国务院关于加快推进生态文明建设的意见》和《生态文明体制改革总体方案》精神，坚持创新、协调、绿色、开放、共享的发展理念，落实政府工作报告部署，从经济可持续发展全局出发，建立健全绿色金融体系，发挥资本市场优化资源配置、服务实体经济的功能，支持和促进生态文明建设，经国务院同意，现提出以下意见。

一、构建绿色金融体系的重要意义

（一）绿色金融是指为支持环境改善、应对气候变化和资源节约高效利用的经济活动，即对环保、节能、清洁能源、绿色交通、绿色建筑等领域的项目投融资、项目运营、风险管理等所提供的金融服务。

（二）绿色金融体系是指通过绿色信贷、绿色债券、绿色股票指数和相关产品、绿色发展基金、绿色保险、碳金融等金融工具和相关政策支持经济向绿色化转型的制度安排。

（三）构建绿色金融体系主要目的是动员和激励更多社会资本投入到绿色产业，同时更有效地抑制污染性投资。构建绿色金融体系，不仅有助于加快我国经济向绿色化转型，支持生态文明建设，也有利于促进环保、新能源、节能等领域的技术进步，加快培育新的经济增长点，提升经济增长潜力。

（四）建立健全绿色金融体系，需要金融、财政、环保等政策和相关法律法规的配套支持，通过建立适当的激励和约束机制解决项目环境外部性问题。同时，也需要金融机构和金融市场加大创新力度，通过发展新的金融工具和服务手段，解决绿色投融资所面临的期限错配、信息不对称、产品和分析工具缺失等问题。

二、大力发展绿色信贷

（五）构建支持绿色信贷的政策体系。完善绿色信贷统计制度，加强绿色信贷实施情况监测评价。探索通过再贷款和建立专业化担保机制等措施支持绿色信贷发展。对于绿色信贷支持的项目，可按规定申请财政贴息支持。探索将绿色信贷纳入宏观审慎评估框架，并将绿色信贷实施情况关键指标评价结果、银行绿色评价结果作为重要参考，纳入相关指标体系，形成支持绿色信贷等绿色业务的激励机制和抑制高污染、高能耗和产能过剩行业贷款的约束机制。

（六）推动银行业自律组织逐步建立银行绿色评价机制。明确评价指标设计、评价工作的组织流程及评价结果的合理运用，通过银行绿色评价机制引导金融机构积极开展绿色金融业务，做好环境风险管理。对主要银行先行开展绿色信贷业绩评价，在取得经验的基础上，逐渐将绿色银行评价范围扩大至中小商业银行。

（七）推动绿色信贷资产证券化。在总结前期绿色信贷资产证券化业务试点经验的基础上，通过进一步扩大参与机构范围，规范绿色信贷基础资产遴选，探索高效、低成本抵质押权变更登记方式，提升绿色信贷资产证券化市场流动性，加强相关信息披露管理等举措，推动绿色信贷资产证券化业务常态化发展。

（八）研究明确贷款人环境法律责任。依据我国相关法律法规，借鉴环境法律责任相关国际经验，立足国情探索研究明确贷款人尽职免责要求和环境保护法律责任，适时提出相关立法建议。

（九）支持和引导银行等金融机构建立符合绿色企业和项目特点的信贷管理制度，优化授信审批流程，在风险可控的前提下对绿色企业和项目加大支持力度，坚决取消不合理收费，降低绿色信贷成本。

（十）支持银行和其他金融机构在开展信贷资产质量压力测试时，将环境和社会风险作为重要的影响因素，并在资产配置和内部定价中予以充分考虑。鼓励银行和其他金融机构对环境高风险领域的贷款和资产风险敞口进行评估，定量分析风险敞口在未来各种情景下对金融机构可能带来的信用和市场风险。

（十一）将企业环境违法违规信息等企业环境信息纳入金融信用信息基础数据库，建立企业环境信息的共享机制，为金融机构的贷款和投资决策提供依据。

三、推动证券市场支持绿色投资

（十二）完善绿色债券的相关规章制度，统一绿色债券界定标准。研究完善各类绿色债券发行的相关业务指引、自律性规则，明确发行绿色债券筹集的资金专门（或主要）用于绿色项目。加强部门间协调，建立和完善我国统一的绿色债券界定标准，明确发行绿色债券的信息披露要求和监管安排等。支持符合条件的机构发行绿色债券和相关产品，提高核准（备案）效率。

（十三）采取措施降低绿色债券的融资成本。支持地方和市场机构通过专业化的担保和增信机制支持绿色债券的发行，研究制定有助于降低绿色债券融资成本的其他措施。

（十四）研究探索绿色债券第三方评估和评级标准。规范第三方认证机构对绿色债券评估的质量要求。鼓励机构投资者在进行投资决策时参考绿色评估报告。鼓励信用评级机构在信用评级过程中专门评估发行人的绿色信用记录、募投项目绿色程度、环境成本对发行人及债项信用等级的影响，并在信用评级报告中进行单独披露。

（十五）积极支持符合条件的绿色企业上市融资和再融资。在符合发行上市相应法律法规、政策的前提下，积极支持符合条件的绿色企业按照法定程序发行上市。支持已上市绿色企业通过增发等方式进行再融资。

（十六）支持开发绿色债券指数、绿色股票指数以及相关产品。鼓励相关金融机构以绿色指数为基础开发公募、私募基金等绿色金融产品，满足投资者需要。

（十七）逐步建立和完善上市公司和发债企业强制性环境信息披露制度。对属于环境保护部门公布的重点排污单位的上市公司，研究制定并严格执行对主要污染物达标排放情况、企业环保设施建设和运行情况以及重大环境事件的具体信息披露要求。加大对伪造环境信息的上市公司和发债企业的惩罚力度。培育第三方专业机构为上市公司和发债企业提供环境信息披露服务的能力。鼓励第三方专业机构参与采集、研究和发布企业环境信息与分析报告。

（十八）引导各类机构投资者投资绿色金融产品。鼓励养老基金、保险资金等长期资金开展绿色投资，鼓励投资人发布绿色投资责任报告。提升机构投资者对所投资资产涉及的环境风险和碳排放的分析能力，就环境和气候因素对机构投资者（尤其是保险公司）的影响开展压力测试。

四、设立绿色发展基金，通过政府和社会资本合作（PPP）模式动员社会资本

（十九）支持设立各类绿色发展基金，实行市场化运作。中央财政整合现有节能环保等专项资金设立国家绿色发展基金，投资绿色产业，体现国家对绿色投资的引导和政策信号作用。鼓励有条件的地方政府和社会资本共同发起区域性绿色发展基金，支持地方绿色产业发展。支持社会资本和国际资本设立各类民间绿

色投资基金。政府出资的绿色发展基金要在确保执行国家绿色发展战略及政策的前提下，按照市场化方式进行投资管理。

（二十）地方政府可通过放宽市场准入、完善公共服务定价、实施特许经营模式、落实财税和土地政策等措施，完善收益和成本风险共担机制，支持绿色发展基金所投资的项目。

（二十一）支持在绿色产业中引入PPP模式，鼓励将节能减排降碳、环保和其他绿色项目与各种相关高收益项目打捆，建立公共物品性质的绿色服务收费机制。推动完善绿色项目PPP相关法规规章，鼓励各地在总结现有PPP项目经验的基础上，出台更加具有操作性的实施细则。鼓励各类绿色发展基金支持以PPP模式操作的相关项目。

五、发展绿色保险

（二十二）在环境高风险领域建立环境污染强制责任保险制度。按程序推动制修订环境污染强制责任保险相关法律或行政法规，由环境保护部门会同保险监管机构发布实施性规章。选择环境风险较高、环境污染事件较为集中的领域，将相关企业纳入应当投保环境污染强制责任保险的范围。鼓励保险机构发挥在环境风险防范方面的积极作用，对企业开展"环保体检"，并将发现的环境风险隐患通报环境保护部门，为加强环境风险监督提供支持。完善环境损害鉴定评估程序和技术规范，指导保险公司加快定损和理赔进度，及时救济污染受害者、降低对环境的损害程度。

（二十三）鼓励和支持保险机构创新绿色保险产品和服务。建立完善与气候变化相关的巨灾保险制度。鼓励保险机构研发环保技术装备保险、针对低碳环保类消费品的产品质量安全责任保险、船舶污染损害责任保险、森林保险和农牧业灾害保险等产品。积极推动保险机构参与养殖业环境污染风险管理，建立农业保险理赔与病死牲畜无害化处理联动机制。

（二十四）鼓励和支持保险机构参与环境风险治理体系建设。鼓励保险机构充分发挥防灾减灾功能，积极利用互联网等先进技术，研究建立面向环境污染责任保险投保主体的环境风险监控和预警机制，实时开展风险监测，定期开展风险评估，及时提示风险隐患，高效开展保险理赔。鼓励保险机构充分发挥风险管理专业优势，开展面向企业和社会公众的环境风险管理知识普及工作。

六、完善环境权益交易市场、丰富融资工具

（二十五）发展各类碳金融产品。促进建立全国统一的碳排放权交易市场和有国际影响力的碳定价中心。有序发展碳远期、碳掉期、碳期权、碳租赁、碳债券、碳资产证券化和碳基金等碳金融产品和衍生工具，探索研究碳排放权期货交易。

（二十六）推动建立排污权、节能量（用能权）、水权等环境权益交易市场。在重点流域和大气污染防治重点领域，合理推进跨行政区域排污权交易，扩大排污权有偿使用和交易试点。加强排污权交易制度建设和政策创新，制定完善排污权核定和市场

化价格形成机制，推动建立区域性及全国性排污权交易市场。建立和完善节能量（用能权）、水权交易市场。

（二十七）发展基于碳排放权、排污权、节能量（用能权）等各类环境权益的融资工具，拓宽企业绿色融资渠道。在总结现有试点地区银行开展环境权益抵质押融资经验的基础上，确定抵质押物价值测算方法及抵质押率参考范围，完善市场化的环境权益定价机制，建立高效的抵质押登记及公示系统，探索环境权益回购等模式解决抵质押物处置问题，推动环境权益及其未来收益权切实成为合格抵质押物，进一步降低环境权益抵质押物业务办理的合规风险。发展环境权益回购、保理、托管等金融产品。

七、支持地方发展绿色金融

（二十八）探索通过再贷款、宏观审慎评估框架、资本市场融资工具等支持地方发展绿色金融。鼓励和支持有条件的地方通过专业化绿色担保机制、设立绿色发展基金等手段撬动更多的社会资本投资于绿色产业。支持地方充分利用绿色债券市场为中长期、有稳定现金流的绿色项目提供融资。支持地方将环境效益显著的项目纳入绿色项目库，并在全国性的资产交易中心挂牌，为利用多种渠道融资提供条件。支持国际金融机构和外资机构与地方合作，开展绿色投资。

八、推动开展绿色金融国际合作

（二十九）广泛开展绿色金融领域的国际合作。继续在二十国集团框架下推动全球形成共同发展绿色金融的理念，推广与绿色信贷和绿色投资相关的自愿准则和其他绿色金融领域的最佳经验，促进绿色金融领域的能力建设。通过"一带一路"倡议，上海合作组织、中国—东盟等区域合作机制和南南合作，以及亚洲基础设施投资银行和金砖国家新开发银行撬动民间绿色投资的作用，推动区域性绿色金融国际合作，支持相关国家的绿色投资。

（三十）积极稳妥推动绿色证券市场双向开放。支持我国金融机构和企业到境外发行绿色债券。充分利用双边和多边合作机制，引导国际资金投资于我国的绿色债券、绿色股票和其他绿色金融资产。鼓励设立合资绿色发展基金。支持国际金融组织和跨国公司在境内发行绿色债券、开展绿色投资。

（三十一）推动提升对外投资绿色水平。鼓励和支持我国金融机构、非金融企业和我国参与的多边开发性机构在"一带一路"和其他对外投资项目中加强环境风险管理，提高环境信息披露水平，使用绿色债券等绿色融资工具筹集资金，开展绿色供应链管理，探索使用环境污染责任保险等工具进行环境风险管理。

九、防范金融风险，强化组织落实

（三十二）完善与绿色金融相关监管机制，有效防范金融风险。加强对绿色金融业务和产品的监管协调，综合运用宏观审慎与微观审慎监管工具，统一和完善有关监管规则和标准，强化对信息披露的要求，有效防范绿色信贷和绿色债券的违约风险，充分发挥股权融资作用，防止出现绿色项目杠杆率过高、资本空转和"洗绿"等问题，守住不发生系统性金融风险底线。

（三十三）相关部门要加强协作、形成合力，共同推动绿色金融发展。中国人民银行、财政部、发展改革委、环境保护部、银监会、证监会、保监会等部门应当密切关注绿色金融业务发展及相关风险，对激励和监管政策进行跟踪评估，适时调整完善。加强金融信息基础设施建设，推动信息和统计数据共享，建立健全相关分析预警机制，强化对绿色金融资金运用的监督和评估。

（三十四）各地区要从当地实际出发，以解决突出的生态环境问题为重点，积极探索和推动绿色金融发展。地方政府要做好绿色金融发展规划，明确分工，将推动绿色金融发展纳入年度工作责任目标。提升绿色金融业务能力，加大人才培养引进力度。

（三十五）加大对绿色金融的宣传力度。积极宣传绿色金融领域的优秀案例和业绩突出的金融机构和绿色企业，推动形成发展绿色金融的广泛共识。在全社会进一步普及环保意识，倡导绿色消费，形成共建生态文明、支持绿色金融发展的良好氛围。

中国人民银行、财政部、发展改革委、环境保护部、

银监会、证监会、保监会

2016 年 8 月 31 日

附录 2 "一带一路"绿色投资原则

原则一：将可持续性纳入公司治理

我们承诺将可持续性纳入公司战略和企业文化中来。机构董事会和高层管理人员将紧密关注可持续性相关的风险和机遇，建立有效的管理系统。同时将指派专业人员对相关风险和机遇进行识别、分析和管理，并密切关注本机构在"一带一路"沿线国家的投资经营活动中对气候、环境和社会方面的潜在影响。

原则二：充分了解 ESG 风险

我们将更好地了解本行业内以及东道国相关的社会文化环境标准、法律法规等。我们将把环境、社会和治理（ESG）因素纳入机构的决策过程，开展深度环境和社会尽职调查，必要时，在第三方机构的支持下制定风险防范与管理方案。

原则三：充分披露环境信息

我们将认真分析自身投资业务对环境所产生的影响，包括能源消耗、温室气体排放、污染物排放、水资源利用和森林退化等方面，并积极探索在投资决策中如何运用环境压力测试。我们将根据气候相关财务信息披露工作组（TCFD）的建议，不断改进和完善我们环境和气候相关信息的披露工作。

原则四：加强与利益相关方沟通

我们将建立一套利益相关方信息共享机制，用来加强政府部门、环保组织、媒体、当地社区民众、民间社会组织等多个利益相关方的有效沟通。同时将建立冲突解决机制，及时、恰当地解决与社区、供应商和客户之间存在的纠纷。

原则五：充分运用绿色金融工具

我们将更加积极主动地运用绿色债券、绿色资产支持证券（ABS）、YieldCo（收益型公司）、排放权融资和绿色投资基金等绿色金融工具为绿色项目融资。我们还将积极探索绿色保险的运用，例如通过灵活使用环境责任险、巨灾险以及绿色建筑保险等，有效规避在项目运营和资产管理中存在的环境风险。

原则六：采用绿色供应链管理

我们将把 ESG 因素纳入供应链管理，并在自身投资、采购和运营活动中学习和应用温室气体排放核算方法、水资源合理使用、供应商"白名单"、绩效指标、信息披露和数据共享等优秀国际实践经验。

原则七：通过多方合作进行能力建设

我们将建立专项资金并指派专业人员通过主动与多边国际组织、研究机构和智库开展合作，来努力提升自身在政策执行、系统构建、工具开发等《"一带一路"绿色投资原则》所涉及领域的专业能力。

参考文献

政策文件

● 综合政策

工业和信息化部关于印发《工业绿色发展规划（2016—2020年）》的通知 [EB/OL].（2016-07-20）[2021-04-20].http://gxt.jl.gov.cn/xxgk/zcwj/bwgz/201607/t20160728_2379652.html.

国务院关于印发"十三五"控制温室气体排放工作方案的通知 [EB/OL].（2016-11-04）[2021-04-20].http://www.gov.cn/zhengce/content/2016-11/04/content_5128619.htm.

关于构建绿色金融体系的指导意见 [EB/OL].（2016-08-31）[2021-04-20].http://www.mee.gov.cn/gkml/hbb/gwy/201611/t20161124_368163.htm.

十部门印发关于促进绿色消费的指导意见的通知 [EB/OL].（2016-03-02）[2021-04-20].http://www.gov.cn/xinwen/2016-03/02/content_5048002.htm.

国务院办公厅关于建立统一的绿色产品标准、认证、标识体系的意见 [EB/OL].（2016-12-07）[2021-04-20].http://www.gov.cn/

zhengce/content/2016-12/07/content_5144554.htm.

国家发展改革委关于创新和完善促进绿色发展价格机制的意见 [EB/OL].（2018-07-02）[2021-04-20].http://www.gov.cn/xinwen/2018-07/02/content_5302737.htm.

两部门关于推进金融支持县域工业绿色发展工作的通知 [EB/OL].（2018-11-29）[2021-04-20].http://www.gov.cn/xinwen/2018-11/29/content_5344402.htm.

关于印发《建立市场化、多元化生态保护补偿机制行动计划》的通知 [EB/OL].（2019-01-11）[2021-04-20].http://www.gov.cn/xinwen/2019-01/11/content_5357007.htm.

关于印发《绿色产业指导目录（2019 年版）的通知》[EB/OL].（2019-03-05）[2021-04-20].https://www.ndrc.gov.cn/fggz/hjyzy/stwmjs/201903/t20190305_1220625.html.

国家发展改革委关于印发《绿色生活创建行动总体方案》的通知 [EB/OL].（2019-11-05）[2021-04-20].http://www.gov.cn/xinwen/2019-11/05/content_5448936.htm.

● **绿色信贷**

中国银行业协会关于印发《中国银行业绿色银行评价实施方案（试行）》的通知 [EB/OL].（2017-12-26）[2021-04-20].http://www.hqwx.com/web_news/html/2018-3/15208259789600.html?src=360_so_kch.

绿色贷款专项统计制度 [EB/OL].[2020-12-10]http://fs.focusky.com.cn/ophbk/ldiv/index.html?html5.

中国人民银行印发《关于开展银行业存款类金融机构绿色信贷业绩评价的通知》[EB/OL].（2018-07-27）[2021-04-20].http://www.cs.com.cn/xwzx/hg/201807/t20180727_5849094.html.

● **绿色债券**

关于开展绿色公司债券试点的通知 [EB/OL].（2016-03-16）[2021-04-20].http://www.sse.com.cn/lawandrules/sserules/listing/bond/c/c_20160316_4058800.shtml.

关于开展绿色公司债券业务试点的通知 [EB/OL].（2016-04-25）[2021-04-20].http://www.ocn.com.cn/chanjing/201604/bszyl25110816.shtml.

中国人民银行关于在银行间债券市场发行绿色金融债券的公告 [EB/OL].（2015-12-15）[2021-04-20].https://www.lawxp.com/statute/s1765183.html.

绿色债券评估认证行为指引（暂行）[EB/OL].（2017-10-26）[2021-04-20].http://www.gov.cn/gongbao/content/2018/content_5271800.htm.

中国人民银行关于加强绿色金融债券存续期监督管理有关事宜的通知 [EB/OL].（2018-02-05）[2021-04-20].http://www.pbc.gov.cn/tiaofasi/144941/3581332/3730310/index.html.

上海证券交易所公司债券融资监管问答（一）绿色公司债券 [EB/OL].（2018-03-23）[2021-04-20].http://www.sse.com.cn/assortment/bonds/corporatebond/latest/c/4694310.pdf.

上海证券交易所资产证券化业务问答（二）绿色资产支持

证 券 [EB/OL].（2019-02-14）[2021-04-20].http://www.sse.com.cn/services/greensecurities/guide/c/4694311.pdf.

上海证券交易所服务绿色发展 推进绿色金融愿景与行动计划（2018—2020 年）[EB/OL].（2018-04-25）[2021-04-20].http://www.sse.com.cn/aboutus/mediacenter/hotandd/a/20180425/fe17699b63caba1e08bc59b46981cc94.pdf.

国家发展改革委办公厅关于印发《绿色债券发行指引》的通知 [EB/OL].（2015-12-31）[2021-04-20].https://www.chinabond.com.cn/cb/cn/zqsc/flfg/jgbmgf/fxywl/xyz/20210224/156553710.shtml.

非金融企业绿色债务融资工具业务指引 [EB/OL].（2017-03-22）[2021-04-20].http://www.nafmii.org.cn/preview/nafmii/ggtz/gg/201703/P020170322639776098176.pdf.

中国证监会关于支持绿色债券发展的指导意见 [EB/OL].（2017-03-02）[2021-04-20].http://www.csrc.gov.cn/pub/newsite/flb/flfg/bmgf/fx/gszj/201805/t20180515_338154.html.

中国人民银行、发展改革委、证监会关于印发《绿色债券支持项目目录（2021 年版）》的通知 [EB/OL].（2021-04-02）[2021-06-29].http://www.gov.cn/zhengce/zhengceku/2021-04/22/content_5601284.htm.

● 绿色投资

绿 色 投 资 指 引（ 试 行）[EB/OL].（2018-11-12）[2021-04-20].https://www.amac.org.cn/aboutassociation/gyxh_xhdt/xhdt_xhgg/201811/t20181122_2433.html.

● 绿色保险

中国保险业发展"十三五"规划纲要 [EB/OL].（2017-07-24）[2021-04-20].https://www.ndrc.gov.cn/fggz/fzzlgh/gjjzxgh/201707/t20170724_1196859.html.

环境污染强制责任保险管理办法（征求意见稿）[EB/OL].（2017-06-09）[2021-04-20].http://www.mee.gov.cn/gkml/hbb/bgth/201706/t20170609_415774.htm.

● 环境权益交易市场

国家发展改革委关于开展用能权有偿使用和交易试点工作的函 [EB/OL].（2017-09-21）[2021-04-20].http://www.gov.cn/xinwen/2016-09/21/content_5110262.htm.

国家发展改革委关于印发《全国碳排放权交易市场建设方案（发电行业）》的通知 [EB/OL].（2017-12-18）[2021-04-20].https://www.ndrc.gov.cn/xxgk/zcfb/ghxwj/201712/t20171220_960930.html.

● 环境信息披露

上市公司治理准则 [EB/OL].（2018-09-30）[2021-04-20].http://www.csrc.gov.cn/pub/zjhpublic/zjh/201809/t20180930_344906.htm.

图书期刊

JEFFREY D SACHS，et al. Handbook of Green Finance[M].

Singapore：Springer，2019.

MARCO MIGLIORELLI.The Rise of Green Finance in Europe[M]. New York：Palgrave MacMillan，2019.

Sang Bing Tsai，Chung. Green Finance for Sustainable Global Growth[J].Business Science Refer，2018（11）.

ZONGWEI LUO, et al. Green Finance and Sustainability[J]. Business Science，2011（4）.

陈青松，张建红 . 绿色金融与绿色 PPP[M]. 北京：中国金融出版社，2017.

陈诗一 . 绿色金融概论 [M]. 上海：复旦大学出版社，2019.

陈伟 . 环境中的外部性及其内部化 [J]. 环境与开发，2001，16（4）.

洪艳蓉 . 绿色债券运作机制的国际规则与启示 [J]. 法学，2017（2）.

金海年 . 绿色金融评价体系研究：企业、资产与供应链的绿色评价 [M]. 北京：中国金融出版社，2019.

马骏 ."十三五"时期绿色金融发展十大领域 [J]. 中国银行业,2016（1）.

马中，周月秋，王文 . 中国绿色金融发展研究报告 2019[M]. 北京：中国金融出版社，2019.

牛淑珍，齐安甜 . 绿色金融 [M]. 上海：上海远东出版社，2019.

史英哲 . 中国绿色债券市场发展报告 2019[M]. 北京：中国金

融出版社，2019.

史英哲，王遥．绿色债券 [M]．北京：中国金融出版社，2019.

舒利敏．绿色金融政策、环境信息披露与企业融资：基于重污染行业上市公司的经验证据 [M]．北京：经济科学出版社，2019.

王遥，潘东阳．地方绿色金融发展指数与评估报告（2018）[M]．北京：中国金融出版社，2019.

王遥．中国绿色金融体系的建构 [J]．建设科技，2017（2）．

张承惠，谢孟哲．中国绿色金融：经验、路径与国际借鉴 [M]．北京：中国发展出版社，2015.